1)

Hermann Zeller

Auf dem Weg zum guten Menschen

Hermann Zeller

Auf dem Weg zum guten Menschen

Überlegungen
für nachdenkliche Christen

VERITAS-VERLAG LINZ—WIEN

CIP-Kurztitelaufnahme der Deutschen Bibliothek

Zeller, Hermann:
Auf dem Weg zum guten Menschen: Überlegungen für nachdenkl. Christen / Hermann Zeller. – 1. Aufl. – Linz: Veritas, 1983.
ISBN 3-85329-360-3

Gedruckt in Österreich; 1. Auflage/83
Druck: J. Wimmer, Linz
Umschlaggestaltung: Anton Hauser

ISBN 3-85329-360-3

INHALT

Seite

Seite

Vorwort

Im überreizten Leben der Gegenwart kommt deutlich ein Bedürfnis nach Meditation auf. Sich selbst und den Sinn seines Daseins zu finden wird wieder wichtiger als die Wirkung nach außen. Der Hunger nach Erkenntnis und Glück ist groß.

Viele Angebote nützen diesen Seelennotstand aus, aber das Meditieren befriedigt nicht, wenn der Geist nur in die leere Wüste oder in den Garten der Gefühle geschickt wird. Wir müssen, still geworden, zur Begegnung mit der Wahrheit kommen.

Die Betrachtungen dieses Buches wollen den Leser auf dem Weg der Vernunft und des Glaubens zu solcher Begegnung führen. Sie möchten unsere inneren Energien freisetzen, die Kräfte des Gewissens und des Herzens, die allen Menschen nötiger sind als ihre fragwürdigen Errungenschaften.

Nachdem diese Gedanken, je einer für jeden Tag, über den Rundfunk eine gute Aufnahme fanden, werden sie wohl auch den Leser ermutigen, seine Lebensführung zu vertiefen.

Hermann Zeller SJ

Ein guter Mensch – was ist das?

Gut sein – täglich neu

Wir wollen miteinander über ein schönes und nicht minder notwendiges Thema nachdenken: über den guten Menschen.
Uns darüber klarzuwerden, was eigentlich Gutsein heißt, und so das echt Gute aus Mißverständnissen, Verwechslungen und Übermalungen herauszuholen, das paßt zum Anfang jedes Tagewerks, das ist Morgenlicht für unsere Seele.
Das ist auch dann angebracht, wenn wir das Nötige zwar schon wissen, es aber nicht tun, weil der tägliche Schlendrian stärker ist als unser Idealismus; es nicht tun, weil wir schon am Morgen keine Lust mehr dazu haben, weil uns Mut und Frische fehlen, weil uns keiner geistig an der Hand nimmt und sagt: Komm mit, ich will dir zeigen, wie wir heute gute Menschen sein können.
Diesen Mängeln kann abgeholfen werden, wenn Sie dem Zug des Guten folgen, dem ich nur meine Stimme leihe, oder noch deutlicher gesagt: wenn Sie Gott folgen, der selbst in jedes Gewissen spricht und seine Wegweiser an jeden Weg stellt – Gott, dem Inbegriff alles Guten.
Sträuben Sie sich bitte nicht von vornherein gegen das, was Sie hier lesen. Es mag Ihnen manches ungewohnt klingen wie eine noch fremde Sprache; es ist doch immer ein *Urlaut des menschlichen Herzens* darin, den jeder versteht oder verstehen sollte. Wo immer vom guten Menschen mit einiger Richtigkeit gesprochen wird, werden Sie zuletzt freudig Ihr eigenes Wesen darin wiedererkennen. Denn so mächtig auch je ein Wille zum Bösen in uns wurde, er stieg nie aus unserem Wesen auf; und so schwach auch je ein Wille zum Guten in uns war, wir fühlten ihn

doch gleich mit uns verwandt. Das Böse kommt immer zuerst von außen, um sich dann wie ein Blutsauger in uns festzusetzen; das Gute aber stammt aus der innersten Mitte. Vom Bösen nimmt man darum erleichtert Abschied, wie von einer unsinnigen Last; vom Guten dagegen nur wie mit einer Wunde im Herzen, wie von einem Stück seiner selbst.
Es müßte also eigentlich leicht sein, vom Guten zu sprechen und zum Guten zu bewegen, da es doch in uns allen seinen Bundesgenossen hat. Wenn wir uns dennoch viel Mühe geben müssen, das Gute in den Blick und in den Griff zu bekommen, so liegt das nicht in der Natur des Guten, sondern an der Verwirrung und Belastung unseres Lebens durch den Satan, den unsere Sünden in die Welt rufen. Er ist es, der die ursprüngliche Menschlichkeit und Göttlichkeit des Guten verdunkelt, seiner Verwirklichung sich in den Weg stellt, den Kompaß des Gewissens stört. Auch die Rückkehr zu uns selbst ist nun also kein Kinderspiel mehr, sondern ein Kampf. Doch lassen Sie mich Ihnen gleich zu Beginn sagen: Wer diesen Kampf klar und mutig aufnimmt, hat ihn schon halb gewonnen. Denn beim Gutsein zählt mehr als der Erfolg die Richtung: die reine Absicht, der gute Wille, der nächste Schritt. Auf dem Weg zum Guten ist man immer schon auf dem richtigen Weg, denn hier – und nur hier – ist man auf dem Weg zu Gott.

Ohne Zwang

Aus dem Orient haben wir das schöne Sprichwort: „Man kann einen Esel wohl ans Wasser führen, aber nicht zwingen zu trinken."
Vor dieser Schwierigkeit stehen auch unsere Besinnungen: Ich bemühe mich, Ihnen das Gute als Quelle der wahren Lebensfreude zu zeigen, aber ich kann und will keinem die eigene Entscheidung abnehmen, ob er davon trinkt oder nicht trinkt.
Kommt ein Freund in Schwierigkeiten, kann man ihm ein Buch und eine Aussprache, das Gebet und den Besuch der Kirche empfehlen. Wird diese Einladung jedoch zu nachdrücklich ausgesprochen, bewirkt sie nur Ablehnung und Trotz. Nichts ist so empfindlich für den geringsten Zwang wie unser Idealismus und Enthusiasmus. Die Seele hat nur Schwung in Freiheit und Freudigkeit.
Man sollte die Gefahren dieser Freiheit nicht übertreiben, denn es ist offenkundig, wiesehr auf der andern Seite der Zwang Schaden stiftet, und zwar nicht nur bei denen, die ihn zu fühlen bekommen, sondern weit darüber hinaus bei allen, die ihn schon aus der Ferne fürchten. Manchmal hätten sie gar keinen Grund zu dieser Befürchtung, aber sie ist nun einmal da und versperrt den Weg ruhiger und sachlicher Begegnung.
Wenn wir einen Redner hören oder ein Buch lesen, erzwingt niemand unsere Zustimmung. Wir können selber urteilen. Wir sollten uns also auch ganz unvoreingenommen und von keiner Befürchtung zum Widerstand gereizt dem Ernst der Sache hingeben. Die buchstabengefüllten Seiten und der Klang der Worte sind nur Brücken, über die unser Geist und unsere Freiheit gehen.

Es ist wunderbar, daß wir als vernünftige Menschen zu solcher Begegnung fähig sind, daß wir das Denken und Streben eines andern frei in uns aufnehmen können, also nicht einfach schlucken, sondern mitgehen auf den geöffneten Wegen der Einsicht und der Entschließung.
Alles, was ich über das Gute sage, will ich so sagen, daß Sie sehen, was ich sehe, und daß Sie fühlen, was ich fühle, und wir gemeinsam dorthin wollen, wohin uns die Logik der eingesehenen Zusammenhänge treibt. Darin ist keine Spur von Bevormundung. Jeder muß schließlich selber sehen und wollen. Es ist nur leichter, seine Fähigkeiten zu entwickeln, wenn man dazu Anregungen von außen empfängt, am leichtesten, wenn einer den geistigen Weg Schritt für Schritt mit uns geht.
Der Sinn der menschlichen Sprache reicht über den bloßen Ausdruckslaut hinaus; sie will Mitteilung an den andern sein, will den verstandenen Wortinhalt zum Treffpunkt zweier Seelen machen. Im richtigen Wort ist eine große Verlockung, aber deren Kraft liegt in der Überzeugung, nicht im Zwang.
Erst der demagogische Mißbrauch des Wortes, in dem mehr Wille als Einsicht ist, und das auf die Unselbständigkeit der Angesprochenen spekuliert, schafft Hörigkeit und Tyrannei. Das politische Leben gibt uns dafür genug Beispiele.
Wie anders hat Christus gesprochen! Der Ton seines Evangeliums wird nie rücksichtslos oder fanatisch. Er kann hart werden, aber nicht gehässig. Auch der Tadel geht aus seinem Munde nicht wie Gift, sondern wie eine Einladung. Das Gute fand nie einen besseren Verkünder als ihn, der es lebte. Bei keinem ist unsere Freiheit besser aufgehoben als bei ihm.

Wer ist gut?

Vom guten Menschen wollen wir in diesen Betrachtungen etwas hören. Da steht gleich die Frage auf: Wer ist denn gut? Woran soll man Gut und Böse unterscheiden? Wer weiß denn das alles so genau? Ist unser Gewissen nicht oft unsicher und ratlos? Zeigt sich nicht hier wieder einmal, wie vieldeutig ein Wort unserer Sprache, das wir mit soviel Selbstverständlichkeit gebrauchen, sein kann, und wie notwendig es ist, sich vorher über das Gemeinte zu verständigen?
In der Sprache der Heiligen Schrift, die Gott sich erwählte, um uns anzusprechen, gehört das Gutsein im strengen und vollen Sinn nur Gott allein zu. Sie wissen, was Jesus dem jungen Mann erwiderte, der ihn mit „Guter Meister" begrüßte: „Warum nennst du mich gut? Niemand ist gut außer Gott, dem Einen" (Mk 10,18). Dann aber sagt er dem Mann doch, wie er durch das Tun des Willens Gottes zum guten und darum ewigen Leben komme.
Gutsein im Geist der Bibel ist also ein *Teilhaben am Gutsein Gottes,* ein Ausdrücken und Nachbilden eines von oben gegebenen und nach oben ziehenden Ideals. Unser Wesen und unser Tun werden daher insofern gut heißen, als sie das Wesen und Tun Gottes im Rahmen unserer Möglichkeiten darstellen.
Dieser Begriff wird uns deutlicher werden, wenn wir ihn nun noch von unten abheben und entwickeln. Das Gute im ethisch-religiösen Sinn, wie wir es meinen, wenn wir vom guten Menschen sprechen, ist die letzte Stufe einer langen Wertleiter.
Ganz allgemein nennen wir gut, was in einem passenden Verhältnis zu einem erstrebenswerten Ziel steht. Die un-

terste Schicht liegt im reinen Sachbereich und heißt Nützlichkeit: ein gutes Messer, eine gute Brücke. Darüber die Schicht des Angenehmen, das gut heißt, weil es unseren Sinnen Lust bereitet, ein gutes Essen etwa. Höher steht das ästhetisch Gute, das Sinne und Geist zugleich anspricht und beiden gefällt: gute Bilder, Konzerte, Bücher. Beim Menschen schließlich kann das Gutsein entweder nur einen Teil seines Tuns betreffen oder die ganze Person. Es kann jemand zum Beispiel ein guter Sportler, eine gute Köchin, ein guter Rechtsanwalt sein. Damit allein ist die ethische Ebene der Werte noch nicht erreicht. Um ein guter Mensch vor Gott und seinem Gewissen zu sein, muß man nicht unbedingt beruflich qualifiziert sein, aber man muß *als Mensch im ganzen,* als Person eine wertvolle und ehrenhafte Haltung einnehmen.
Schuldloses Unvermögen macht den Menschen nicht gering, nicht böse. Auch der ärmste und unglücklichste Mensch kann ein guter Mensch sein, während der fähigste und erfolgreichste Mensch unter Umständen ein Lump sein kann. Allein Schuld und Unschuld entscheiden auf der höchsten Wertebene. Für diese Entscheidung hat unsere Zeit leider nicht immer genug Feingefühl. Sie kennt gewaltige äußere Leistungen, vergißt aber, daß die größten Möglichkeiten des Menschen in seinem Innern liegen. Damit haben wir den Anschluß an unsere erste Bestimmung des Guten erreicht: Der Mensch ist erst dann im eigentlichen Sinn gut zu nennen, wenn er über sich im ganzen so entscheidet und verfügt, daß er vor Gott nicht schuldig wird, sondern von Gott mehr und mehr erfaßt und erfüllt wird.

Aus Freiheit geboren

Bevor wir im einzelnen sehen, was den Menschen gut macht, will ich noch einmal etwas vom ethisch Guten im allgemeinen sagen. Ich tue das nicht aus Vorliebe für das Abstrakte, sondern aus der Erfahrung heraus, daß man ohne Grundsätze nicht auskommt.

Das Leben ist bunt, und jede Situation ist neu. Da kämen wir mit aller Beschreibung und Beratung an kein Ende. Ich will Ihnen auch am Beginn eines kleinen Werktags nicht kleinlich und kurzsichtig helfen; das macht unselbständig, und man ist nachher genauso hilflos wie vorher. Auf die Dauer können wir mit grundsätzlichen Einsichten doch mehr anfangen als mit einzelnen moralischen Injektionen.

Eine dieser weitreichenden Einsichten, die uns später noch oft helfen können, ist die folgende: *Was immer den Menschen gut oder böse macht, kommt aus seiner Freiheit.* Viele quälende Gewissensfragen könnten wir uns selber beantworten, wenn wir diesen Elementarsatz der Ethik zu begreifen und anzuwenden wüßten. Jeder sollte einmal darüber nachdenken, wo die Aufgaben und wo die Grenzen seiner persönlichen Freiheit liegen. Denn in den Gesinnungen und Entscheidungen des Willens liegt der Schlüssel zum Verständnis des wahren Wertes und der Verderbnis eines Menschen. Rein biologisch stehen wir nicht über den Tieren. Unsere Muskelkraft, Sinnenschärfe und Lebensdauer richten wenig aus in der Welt. Aber als denkende und freie Wesen vermögen wir unermeßlich mehr als Atome, Vulkane und Bestien.

Freiheit ist als bewußtes Verfügen über uns selbst die höchste Stufe der Gottesebenbildlichkeit. Darum ist das

aus Freiheit geborene Gute auch die eigentliche Verwirklichung der Nachahmung Gottes. Unser Geist ist der göttliche Funke in uns, der im Gutsein zur Flamme wird. Unsere Freiheit ist allerdings eingeschränkt von unserer Natur und von den äußeren Notwendigkeiten, die wir nicht überspringen können. Nicht wahr, es ist viel in uns, das wir selbst nicht gewählt haben und für das wir also auch nicht verantwortlich sind: unsere Anlagen, unsere Schicksale. Bei der Bewertung unseres inneren Menschen müssen wir das ausklammern, denn ob wir gut oder böse sind, entscheidet sich einzig und allein am freien Willen. Damit wird unsere Verantwortung zugleich leichter und schwerer. Leichter, weil wir keine Angst mehr haben, die Mängel unserer Natur könnten uns einmal angelastet werden. Gott fordert ja nur das Mögliche von uns.
Aber auch schwerer – oder besser gesagt: ernster – wird das Leben in der Höhenluft der Freiheit. Bedenken wir: So schmal auch der Spielraum sei für unsere Wahl, wir entscheiden darin doch über den ganzen und letzten Sinn unserer Existenz.

Die Liebe macht gut

Am 28. August feiert die katholische Kirche das Andenken eines ihrer größten Lehrer, des heiligen Augustinus. Dieser geniale Nordafrikaner hat das geistige Leben des 5. Jahrhunderts und der folgenden Epochen bis in die Gegenwart hinein so befruchtet, daß wir unserer Betrachtung über den guten Menschen heute ein Augustinuswort zum Thema geben wollen. Da es ein oft mißbrauchtes Wort ist, wird seine Deutung uns willkommen sein.
Augustinus sagt: *„Liebe nur, dann tue, was du willst."*
Er faßt also das Gutsein, das sicherlich eine ganze Reihe verschiedener Elemente enthält, in eine Kurzformel, in einen Spitzenwert, in das Lieben zusammen. Hast du diesen Wert erreicht, meint er, brauchst du dir um die anderen keine Sorgen mehr zu machen.
Nennen wir zuerst die Fehldeutung: „Wenn du liebst, brauchst du dich um nichts mehr zu kümmern, um kein Dogma, um keine Moral und was dich sonst verpflichten sollte. Die Liebe macht dich gut, und das genügt."
So ungeheuerlich dieser Satz in seinen zerstörerischen Folgen auch erscheint, so zäh halten doch viele an ihm fest. Das ist nur möglich, weil sie auch dort noch Richtiges ahnen, wo sie Falsches sagen.
Die Möglichkeit des Mißverstehens liegt in dem Wort „Liebe". Man muß hier das einsetzen, was Augustinus darunter verstanden hat, und nicht einfach einen beliebigen, alltäglichen Begriff.
Mit den landläufigen Vorstellungen von „Liebe" erreichen wir meist nur die äußeren und unteren Schichten dieser großen Wirklichkeit. Dort unten aber ist unser Satz noch nicht richtig. Im Bereich der Sinne und Triebe, die

im Menschen keine Instinktgrenzen kennen, ist die Zucht der Gesetze noch durchaus nötig.
Erst wenn sich der Begriff „Liebe“ füllt und das Herz vom wahren und ganzen Wesen der Liebe erfaßt wird, kann von einem „Tue, was du willst“ die Rede sein. Keineswegs ist dann Ethos überflüssig, sondern bereits im Lieben enthalten. Der wahrhaft Liebende bleibt nicht hinter seinen Pflichten zurück, sondern er überbietet sie und kann sie darum vergessen. Er wird tun, was er will, aber das wird sowieso mehr sein als das, wozu er verpflichtet ist. Denn Liebe ist Hingabe und darum dem Gehorsam innerlich verwandt. Sagte nicht Jesus: „Wer meine Gebote hat und sie hält, der ist es, der mich liebt“ (Joh 14,21)?
Wir können also auf dem Weg in unseren neuen Tag dem kühnen Augustinuswort „Liebe nur, dann tue, was du willst“ unbesorgt folgen. Nur sollten wir dabei den reinen und hohen Sinn, den vollen und starken Inhalt des Wortes „Liebe“ im Auge behalten. Augustinus hat mit Recht in der *Liebe die Summe des Gutseins,* den Inbegriff selbstloser Hingabe an die objektiven Werte, an den Mitmenschen, an Gott gesehen.
Wo sein Wort zur Zügellosigkeit mißbraucht wird, hat man zuvor die leib-seelische Ganzheit der Liebe zerrissen. Es gibt aber in Wahrheit nur *eine* Liebe, vom ersten Kuß bis zur Gottesmystik, und darum steckt alle Kraft zum Gutsein darin.

Wahrhaftigkeit

Wenn wir an unser Tagewerk gehen, um uns darin als gute Menschen zu bewähren, dürfen wir es uns nicht ersparen, einmal unsere Wahrhaftigkeit zu überprüfen.

Die Liebe zur Wahrheit gehört zu den obersten menschlichen Werten; haben wir sie einmal aufgegeben, zerfallen das Vertrauen, der Friede und alle Kultur. Diese Liebe stürzt uns in viele Schwierigkeiten, Beschämungen und Konflikte, wie man täglich sieht, aber wir können dennoch nicht aufhören, ihre Unentbehrlichkeit einzusehen und sie als einen Hauptverhandlungspunkt unseres Gerichtes anzuerkennen. *Niemand ist gut zu nennen, der nicht grundsätzlich die Wahrheit will.* Diesen Willen werden wir heute unter die Lupe nehmen.

Theoretisch ist Wahrheit die Übereinstimmung unseres Urteils mit der Wirklichkeit. Wahrhaftigkeit als ethische Haltung sucht diese Übereinstimmung, drückt sie rein aus, hält treu zu ihr, schützt sie vor Entstellung. Das Bekenntnis zur Wahrhaftigkeit macht den Menschen innerlich fest und gerade, nach außen zuverlässig und vertrauenswürdig.

Das Ja zur Wahrheit wird uns nicht durch ein willkürliches Gebot Gottes oder der Gesellschaft aufgezwungen. Es ist eine Forderung unserer Natur. Denn wer einmal als Gottes Ebenbild personal lebt, das heißt, Geist genug hat, um die Wirklichkeit zu erkennen und zu ihr Stellung zu nehmen, der kann ohne inneren Widerspruch dies Licht nicht mehr wegwerfen oder auslöschen. Er fühlt, daß Irrtum und Lüge Verlust und Verrat bedeuten. Wenn Menschsein Befähigung zur Wahrheit und Beglük-

kung durch Wahrheit heißt, wie könnte einer ein guter Mensch werden, ohne die Wahrheit zu lieben?
Sie kennen aber auch alle die Versuchungen, denen unsere Wahrhaftigkeit alltäglich ausgesetzt ist, besonders wenn irgendeine kollektive Verlogenheit es dem einzelnen fast unmöglich macht, nicht mitzulügen, oder wenn der notwendige Schutz eines Geheimnisses auf dem Spiel steht.
Mit den beiden Radikallösungen, nämlich immer alles auszusagen oder jederzeit bedenkenlos zu lügen, ist uns nicht geholfen. Wir müssen unser inneres Verhältnis zur Wahrheit von der äußeren Kundmachung der Wahrheit unterscheiden.
Das erste, unser inneres Verhältnis zur Wahrheit, die Wahrhaftigkeit als Teil unseres Charakters, ist ein unbedingter sittlicher Wert und daher unter allen Umständen zu bewahren. Das zweite, die äußere Kundmachung der Wahrheit, ist zwar die Grundlage eines menschenwürdigen Zusammenlebens in Vertrauen und Frieden, aber wie alle sozialen Notwendigkeiten nur relativ und bedingt.
Dieselbe Personwürde, um deretwillen meine Mitmenschen von mir verlangen dürfen, daß ich sie nicht täusche, ist auch in mir und verlangt bisweilen, daß ich keine Mitteilung mache. Sonst könnte mein Bewußtsein von jedem unverschämten Frager aufgebrochen werden, was ebenso der Menschenwürde widerspricht wie der materielle Diebstahl. Niemand hat das Recht, zu lügen, aber jeder hat das Recht, zu schweigen.
Die sprachlichen und rechtlichen Probleme der Aussageverweigerung brauchen uns hier nicht zu beschäftigen, wo es uns doch nur darauf ankam, auf die innigen Beziehungen hinzuweisen, die den guten Menschen mit der Wahrheit verbinden.

Schlichtheit

Das Gutsein, von dem wir sprachen, stellt hohe Forderungen der Selbstlosigkeit und Wahrhaftigkeit an uns. Um einem Mißverständnis vorzubeugen, sei aber bemerkt, daß es sich da nicht um Leistungen im üblichen Sinn handelt, um Anstrengungen, vor denen wir uns zunächst fürchten, die wir dann vielleicht mit aller Kraft schaffen und auf die wir uns nachher viel einbilden. Nichts ist so wenig geeignet für unseren Leistungsstolz wie die Bemühung, ein guter Mensch zu werden.

Das Gute ist leicht, erstens weil es Gnade ist, die Gott jedem anbietet, und zweitens, weil es so zu unserem Wesen paßt, daß es uns glücklich macht. Aber es ist auch schwer, doch nicht als Arbeit im strengen Sinn, sondern weil wir so viele Hemmungen mitbringen, uns so mühsam öffnen, so mißtrauisch, unlustig und schwerfällig bewegen, obwohl uns nachher alles leicht und selbstverständlich erscheint.

Es wäre also fehl am Platz, vor dem Entschluß zum Guten Angst zu haben und sich auf das vollbrachte Gute etwas einzubilden. Beides verkennt die Natur des Guten und stürzt uns nur in einen aussichtslosen Kampf an falschen Fronten. Das Gute ist unser wahres Selbst; sollte es so schwer sein, das zu finden und zu leben?

Doch lassen Sie mich positiv sagen, was ich meine: *Wir sollen bescheiden sein.* Bescheidenheit ist ein sehr wichtiger Zug im Bild des guten Menschen. Sie macht das Herz geschmeidig und locker, offen und bereitwillig. Unbescheidene Arroganz dagegen ist wie ein Riegel, der alles blockiert, wie eine Kältewelle, unter der alles erstarrt. Sie haben sicher in Ihrer Umgebung Beispiele dafür.

Wieviel lieber sind Ihnen bescheidene Menschen, die ohne Getöse gut sind, als die von sich eingenommenen Rechthaber, Besserwisser und Großmäuler. Vielleicht hat der eine oder andere dieser Helden wirklich große Fähigkeiten, aber so, wie er ist, würden Sie ihn niemals einen guten Menschen nennen.

Der Bescheidene muß gar nicht dumm sein; er hat nur genug Takt und Güte, um sich vor anderen nicht herauszustellen, sie nicht durch das, was er ist, zu beschämen und zu verletzen. Er ist ohne viele Worte brüderlich.

Der gute Mensch sucht nicht die Pose und den großen Aufwand. Das braucht er nicht, um geliebt zu werden. Er will lieber mehr sein als scheinen, weil das doch die bessere Garantie für die Zukunft ist. Er geht uns auch nicht auf die Nerven mit Depressionen und Komplexen. Warum sollten Minderwertigkeitsgefühle den plagen, der sich im Vertrauen auf Gott, der ihn schuf, ohne Protest annimmt? Er stellt sich schlicht an seinen Platz, geht unverdrossen an seine Alltagsarbeit, lebt ruhig im Kreise der Seinen und macht sich nicht selber wichtig. Für hysterische Ausbrüche enttäuschter Eigenliebe ist kein Raum in seiner Seele.

Mit einer dummen Angst auf der einen und einem dummen Stolz auf der andern Seite wäre öffentliche Geltung zu teuer erkauft. Ruht die Größe eines Menschen nicht in ihm selbst, so daß er sich ganz natürlich und schlicht, neidlos und anspruchslos geben kann, so ist sie nicht zur Reife gekommen. Auch das große Talent werden wir nur dann als einen guten Menschen ansprechen, wenn es sich uns durch Bescheidenheit verehrungswürdig macht.

Wille zur Form

Unser Gutsein fängt am frühen Morgen meistens nicht sehr imponierend an: Der Übergang aus den schläfrigen Minuten nach dem Erwachen in den hellen Tag hinein fällt uns immer schwer. Und das nicht nur, weil wir etwa für ein verspätetes Schlafengehen zu büßen haben. Schon die simple Notwendigkeit, uns waschen, ankleiden und in Form bringen zu müssen, verstimmt uns oft. Dies um so mehr, je aussichtsloser der kommende Tag uns erscheint. Wenn wir dagegen wissen, wem wir es schulden oder wem wir eine Freude machen, wenn wir uns sauber frisieren und rasieren, dann ziehen die Wolken des schläfrigen Unmuts schneller ab. Wer die Bemühung um sein Äußeres in das Ganze seiner Person, seiner Familie, seines Berufes oder besonderer Anlässe sinnvoll einordnen kann, wird sie auch unverdrossen Tag um Tag fortsetzen.

Die Schlampigkeit der Heruntergekommenen, die sich zu keiner Form mehr aufraffen können, hat sehr oft seelische Ursachen. Kein lockendes Ziel, kein lohnender Lebensinhalt, keine Liebe leuchtet ihnen. Sie sitzen in ihrem Dunkel und stehen nicht mehr auf. Sie haben keine Freude mehr an der Form und darum auch keine Kraft mehr, sich in Form zu bringen. Ihr Äußeres verfällt und bald auch der ganze Mensch, besonders wenn er nach Ersatzglück süchtig wird.

Wir sehen schließlich ein, daß wir uns immer wieder innerlich und äußerlich zusammenraffen müssen. Die Gesinnungen und Regungen des Herzens sind bei einem guten Menschen gewiß die Hauptsache, aber sie brauchen Halt und Stütze in entsprechenden Ausdrucksformen. *Der Mensch kann nicht formlos gut sein und bleiben.*

Denken wir auch an unsere Mitmenschen: Ein erfreuliches Zusammenleben mit ihnen ist ohne den Willen zur Form schlechterdings unmöglich. Geniale Außenseiter mögen interessant sein, aber man kann nicht mit ihnen leben.
Alle Gemeinschaften bilden Sitten und Bräuche aus, denen der einzelne nicht immer gern folgt. Doch sollte man auch die Vorteile geprägter Lebensart bedenken. Sie erspart nicht alles Lehrgeld, aber sie vermittelt uns die Erfahrungen anderer und verkürzt den Weg zur Reife. Wir ahnen kaum, wieviel Widerwärtigkeiten die ungeschriebenen Gesetze des Anstandes uns aus dem Weg räumen.
Auch das Leben mit Gott, die Religion, bedarf der Form. Jesus hat uns Gebetsworte und heilige Riten, die Sakramente, hinterlassen. Er hat die Gemeinschaft mit Gott in das Gemeinschaft-Halten mit der Kirche verfaßt.
Auch hier gilt es, die Hemmungen und Launen des eigenen kleinen Ich zu überwinden und sich allgemeingültige Formen anzueignen. Sie sind nicht nur eine Last. Sie tragen uns auch und gleichen unsere Schwankungen aus. Es ist eine schöne Sitte, den Tag mit einem Gebet zu beginnen, die Hände fromm zu falten und sich mit dem Zeichen des Kreuzes zu segnen. Worte und Gesten helfen der scheuen Seele, das ihr nicht leicht Sagbare auszudrükken.
Haben wir uns mit Ernst und Strenge eine kurze Weile der Sammlung am Morgen abverlangt, werden wir mit mehr Selbstachtung und Fröhlichkeit in den Tag gehen. Diese erste gute Entscheidung erleichtert uns alle kommenden Entscheidungen zu einem guten Tagewerk.

Elastizität des Geistes

Im vorhergehenden Kapitel habe ich erklärt, daß wir Menschen Formen brauchen, äußere und innere Formen, auch in Sachen der Religion. Nun muß ich ein Gegengewicht in die andere Waagschale legen, denn man soll nichts so verteidigen, daß Wahrheit und Gerechtigkeit leiden. *Wir brauchen Form,* wir brauchen aber auch *Freiheit von der Form*. Beide Sätze folgen aus dem Wesen des Menschen, und nur unter Anwendung beider können wir gute Menschen werden.

Alle Ausdrucksmittel, Zeichen, Gesten, Worte sollen dienen. Wenn sie zu herrschen anfangen, muß man sich von ihnen losmachen. Das einmal Gewohnte und Geprägte hat in der Tat die Neigung, sich unentbehrlich zu machen und an die Stelle der geistigen Wirklichkeit zu treten, die sie doch nur zeigen und stützen sollen. Dieser fatalen Neigung muß man um der Würde des Geistes willen widerstehen. Denn erstarrte Formen können erdrükken und lähmen. Dieses in lauter Äußerlichkeiten aufschießende Unkraut saugt die Lebenskraft aus der Seele und läßt die Freiheit ungenützt verkümmern.

Um unsere Gesinnungen zur menschlichen Anschauung und Wirkung zu bringen, fassen wir sie in Formen. Aber Formen bleiben relativ: Es sind mehrere möglich, und sie können wechseln. Man muß eine gewisse Distanz zu ihnen halten, sonst verdecken sie einem die Sache, die hinter ihnen steht.

Die Anwendung ist leicht zu machen. Das religiöse Leben, dessen Formenreichtum wir schätzen, muß auch gereinigt werden von verrosteten Fehlformen, die gerade auf diesem Gebiet so schädlich sind. Es fehlt leider sehr

vielen Christen die *Elastizität des Geistes,* die Fähigkeit, Freiheit und Form ins Gleichgewicht einzuspielen.
Sie vernachlässigen die Gewissenspflege: Einmal hängen sie sklavisch an irgendeiner äußeren Übung, unfähig, das darin Gemeinte unter anderen Hüllen wiederzuerkennen; ein andermal werfen sie mit der Last der äußeren Dinge gleich alles weg und berufen sich auf eine formlose Freiheit, die es nicht geben kann.
Wir sind unsicher geworden und haben vielfach keinen gesunden Instinkt mehr für die Entscheidung von Formfragen. Es nützt nichts, nur immer nach Rat und Weisung Ausschau zu halten. Das eigene Gespür für Sinn und Grenze der Formen einerseits und für die Unersetzlichkeit der seelischen Werte anderseits müßte wieder belebt werden.
Wer den äußeren Formen zuviel gibt, schadet ihnen, denn er hindert ihre Funktion und macht sie anderen verächtlich. Was relativ ist, muß nicht nur so genannt, sondern auch so behandelt werden. Wer sich die Freiheit dazu nicht nimmt, verliert sie.
Viele unnötige Konflikte könnten vermieden werden, wenn unser Gewissen von besserer Einsicht in die Zusammenhänge von Form und Geist geleitet wäre. Es gibt kein deutlicheres Zeichen seelischer Gesundheit als den Willen zur Form bei voller Wahrung des Vorrangs der Gesinnung.

Offen für das Ungewöhnliche

Was wir jeden Morgen tun und ein großer Teil dessen, was wir überhaupt tun, ist durch *Gewohnheiten* festgelegt. Das hat den Vorteil, daß es leichter geht. Man braucht sich nicht erst mühsam zu entschließen und jeden Griff neu einzustudieren.
Derlei Gewohnheiten gibt es auch in der Frömmigkeit. Nur ist die Sache hier nicht so einfach, denn neben guten Gewohnheiten in Gebetszeiten, Gebetsformeln und Gebetshaltungen braucht man hier auch das Gegenteil: das *Offenbleiben für das Ungewöhnliche.*
Denn hier haben wir es mit Gott zu tun, der über allen irdischen Maßen und Vorstellungen liegt, mit dem man nie fertig wird, bei dem man sich nie beruhigen kann. Er ist der wesentlich Ungewöhnliche, und was seine Freiheit tut, ist immer eine Überraschung für uns. Wenn es auch Überraschungen der Weisheit und Güte, also Gnaden, sind, so bleiben doch immer Handlungen, die man nicht von unten, von uns her berechnen und festlegen kann.
Wer mit Gott lebt, und das ist der Inbegriff von Religion, der darf sich nicht mit ein paar frommen Gewohnheiten begnügen und, mit ihnen gepanzert, der Stimme seines Gewissens widerstehen und sagen: „Lieber Gott, laß mich in Ruh! Ich halte mich im großen und ganzen an die christlichen Lebensgewohnheiten. Was willst du mehr? Andere tun nicht einmal dies. Könnten wir nicht darüber einig werden, daß ich dir meine guten Gewohnheiten schenke und du mir dafür die Seligkeit?"
Wenn wir auch nicht wörtlich so gebetet haben, der Sache nach fassen wir unsere religiösen Pflichten oft genug so auf. Wir vergessen, wer Gott eigentlich ist. Wir sind blind

für das Außergewöhnliche, das in einem Menschen zu leben beginnt, wenn er Gott erkennt und anfängt, ihn zu respektieren, ihm vorbehaltlos zu gehorchen, ihm zu glauben, auf ihn zu hoffen und ihn – welche Kühnheit! – zu lieben.
Da tritt etwas Großes und Neues in seine Gedanken und Wünsche ein, ein Absolutes, vor dem man keine Ansprüche und keine Deckung mehr hat, bei dem man auf alles gefaßt ist. Mit der ersten willentlichen Hingabe an Gott, wie er ist, an den bedingungslos lobenswerten und liebenswerten Gott, beginnt alle Frömmigkeit. *Gott wirklich Gott sein zu lassen,* das ist es. Alles andere in der Religion ist nur Vorfeld.
Ich glaube, daß mancher, der nicht viel redet und über kein großes kirchliches Repertoire verfügt, aber Gottes Fügungen ohne Widerspruch annimmt und Gottes Geheimnis verehrt, mehr Religion haben kann als wir, die wir soviel sagen und üben und doch Gott nicht ernst nehmen.
Man muß seine Gewohnheiten immer wieder mit freien Taten mischen, sonst schläft die Seele darüber ein. Kirchliche Praxis muß über die Routine hinaus immer ein fruchtbarer Boden für die Eingebungen des Hl. Geistes sein. Unser Glaubensleben muß immer neu aus Erfahrungen und Einsichten genährt werden, um nicht zu Formeln zu erstarren, die weder uns noch die Welt bewegen.
Mit einem Wort: Gewohnheiten sind gut, aber auch gefährlich. Darum legt die Vorsehung in unseren Lebensweg meist einige überraschende Wendungen. Da soll sich zeigen, was in uns ist. Gebe Gott, daß wir dann mit unseren Gewohnheiten nicht am Eigentlichen vorbeigelebt haben.

Blick in den Spiegel

Die Frage, ob ich ein guter Mensch sei oder nicht, ist keine bloß theoretische Frage. Sie trifft und beunruhigt mich viel tiefer als die Fragen reiner Neugier. Ich weiche ihr daher auch lange aus.

Da begegnen mir im Spiegel meine eigenen Augen.

Ich habe dieses Gesicht doch schon so oft gesehen; warum bleibe ich heute hängen? Gott hat mir die Gnade gegeben, einen Augenblick lang von mir selbst betroffen zu sein.

Ich will nicht sagen, daß ich erschrocken wäre, aber wie neu, ernst und unausweichlich stehe ich dem gegenüber, der ich bin. Halb liebevoll, halb kritisch sehe ich in meine Augen und frage mich wie einen Unbekannten: Wer bist du? Was lebt hinter dieser Stirn? Was bist du wert? Was mag sich Gott gedacht haben, als er dich ins Dasein rief? Und was denkt er jetzt über dich?

Dieser Blick genügte, um mich in den Bann der einen großen Frage zu ziehen, *ob meine Existenz sich lohne,* und zwar vor mir selber und vor Gott, dem Untrüglichen, nicht vor dem Geschwätz meiner Umgebung. Ich fühle, daß ich mein Leben verantworten muß, daß ich zwischen Gut und Böse zu wählen habe.

Diese blitzartig aufleuchtenden Gedanken werden mir nicht im Handumdrehen Klarheit verschaffen, aber sie machen eine Klärung meines verworrenen Gewissens wenigstens möglich. Mein Ich lag unter dem Schutt meiner Werktage und drohte zu ersticken. Jetzt werde ich mir selber zurückgegeben, zurückgerufen aus der trotzig gewählten Verbannung pausenloser, seelenloser Arbeit und Zerstreuung. So bekomme ich mich allmählich wieder in

den Blick, werde meiner Freiheit und meiner Grenzen bewußt, kann meine Ideen und Entschlüsse in mein Tagewerk legen. Alles andere könnten Tiere und Maschinen ja auch erledigen.
Den Menschen aber hat Gott bei seinem Namen gerufen und zu persönlichem Leben bestimmt. Ich habe mehr von Gottes personaler Würde in mir als Steine, Pflanzen und Tiere; ich muß es auch zeigen. Ich soll nicht namenlos leben und arbeiten, mich amüsieren und sterben.
Der Mensch ohne Ich, der sich selber nie, nicht einmal im Spiegel, je begegnet ist, bildet die große Gefahr dieser Zeit.
Aber zum Glück kommen neben den lauten politischen auch stille innere Revolutionen vor: Angewidert von der Sinnlosigkeit eines bloßen Funktionierens von Jahresplänen, in denen mit ameisenhafter Betriebsamkeit, was oben ist, nach unten, und was unten ist, nach oben geschafft wird, kehrt das Bewußtsein des Menschen zu sich selbst zurück, betrachtet sich nachdenklich und horcht wieder hinein in die Stille des Gewissens.
Dort wird ihm seine Aufgabe nicht nach Maß und Gewicht zugemessen, sondern nach der Norm von Gut und Böse. Er hört sich bei seinem Namen und bei seiner Freiheit angerufen. Er soll sich entscheiden für das, was er als ehrenhafte Pflicht erkennt. Hier kann er sich seinem Gott und Vater verbinden, dem Ursprung und Ziel alles Lebens. Und wie er spürt, daß Gott etwas von ihm will, wächst ihm auch Kraft zu, und er versöhnt sich mit seiner Schwäche.
Dann hat er nicht mehr nötig, den Blick in den Spiegel zu meiden und vor sich selbst in seine Arbeit zu fliehen.

Erziehung – klein geschrieben

Es kann heute niemandem verborgen bleiben, daß die Jugendkriminalität anwächst. Es hat zwar immer junge Taugenichtse gegeben, und keine Generation hat über die folgende nicht den Kopf geschüttelt. Aber wie sich unsere Väter und Mütter um uns Sorgen gemacht haben, so kommen auch wir nicht daran vorbei, über den Weg nachzudenken, den unsere Kinder in ihre Zukunft gehen. Die berufliche Arbeit läßt uns dafür wenig Zeit. Aber wenn wir Jahr für Jahr ungenützt vorübergehen lassen, werden wir eines Tages vor unangenehmen Überraschungen stehen. Was sollen wir tun? Klagen hilft nichts. Wir müssen uns mehr um unsere Kinder kümmern.

Aber das tun wir ja, antworten verzweifelte Eltern. Wir reden immer wieder auf sie ein, aber sie nehmen nichts an. Im gleichen Maß, in dem sie heranwachsen, entgleiten sie uns und tun, was sie wollen. Und dieser Wille ist unreif, haltlos und zum Erschrecken leer von Idealismus.

Ich gebe Ihnen nicht den Rat, den erzieherischen Druck zu vermehren, denn Reden und Zwingen bringt uns hier keinen Schritt weiter. Ich lade Sie vielmehr ein, über das Wesen der Erziehung nachzudenken.

Dieses besteht weder in einer Tyrannei noch in sorglosem Wachsenlassen. *Erziehung ist Herstellung eines Kontaktes, über den ein lebendiger, bildender Einfluß übergehen kann.* Der große Bundesgenosse dieses Einflusses ist der spontane Drang des Jugendlichen zur Nachahmung. Aber er verlangt auch auf der andern Seite ein Vorbild, und zwar kein theoretisches, sondern ein gelebtes. Unwahrhaftigkeit zerstört das Vertrauen und macht alle weiteren Bemühungen überflüssig.

Die Eltern sollen nicht nur eine echte Überlegenheit besitzen, sondern sie auch im Kontakt des gemeinsamen Lebens zur erzieherischen Wirkung bringen. Hier liegt das Problem. Denn wo die Familie zum Problem geworden ist, ist es auch die ganze Erziehung.
Der geschlossene Familienkreis der Vergangenheit existiert nicht mehr. Aber auch der neuen Lebensformen geöffnete Familienkreis müßte nicht gleich den völligen Zerfall des Erziehungsraumes herbeiführen. Man kann bremsen und ausgleichen, wenn man nur will und ein bißchen Geschick dafür hat. Noch immer wird der junge Mensch trotz aller Wendung nach außen sein Verlangen nach Geborgenheit, Verständnis und Hilfe vor allem an seine Eltern herantragen.
Leider rechtfertigen wir dieses Vertrauen nicht immer. Eigene Unsicherheit entkräftet die Autorität. Unser schlechtes Gewissen sagt es uns. Oder wir überfordern das Vertrauen gleich, so daß es sich instinktiv zurückzieht. Das beste Verhältnis wäre dann gegeben, wenn ohne viel Zureden und Nachdrücken der unbewußte Einfluß des gemeinsamen Lebens zur Geltung käme. Rechnen wir einmal zusammen, wie viele Stunden wir mit unseren Kindern ungeteilt und ungestört verbringen. Wenige, nicht wahr? Ich sehe immer nur die überbürdete Mutter und den müden Vater, Eltern, die ihren Kindern nur noch den Abfall ihrer Zeit und Kraft schenken. Der anspruchsvolle Lebensstandard zwingt dazu, Verdienst groß und Erziehung klein zu schreiben. Darum werden wir eines Tages mitsamt dem ganzen Standard im Chaos enden.

Jagt den Neid hinaus!

Nichts im menschlichen Leben kommt von ungefähr. Alles hat seine verborgenen Wurzeln, aus denen es wächst. Starke Mächte, gute und böse, bewußte und unbewußte, treiben von dort aus der Tiefe zur Tat. Wer daher unter die Oberfläche bis an die Wurzeln zu sehen und Einfluß zu nehmen vermöchte, der könnte manches Unheil abwenden.

Um das Gute in uns zu schützen, möchte ich die Aufmerksamkeit unseres Gewissens auf eine gefährliche Wurzel lenken, die im Innern oft unerkannt wuchert und giftige Triebe ans Tageslicht schickt, auf den *Neid*.

Der Neid ist eine so elementare Macht, daß sich kaum einer ihm entwinden kann. Er belästigt uns von innen und außen: *In jedes Herz schleicht die Versuchung zum Neid, und um jedes Glück kreisen die Geier des Neides.*

Das biblische Buch der Weisheit legt die Wurzel aller Leiden bloß, wenn es sagt: „Durch den Neid des Teufels kam der Tod in die Welt“ (Weish 2,24).

Ich habe noch nie ein Glück unter den Menschen gesehen, das nicht der Neid alsbald aufs Korn genommen hätte. Kein Spiel der Kinder, in dem er nicht schon seine Fratze zeigt. Kein Krieg, an dem er nicht beteiligt wäre. Wir können es offenbar nicht vertragen, daß es dem Nachbarn gut geht. Er braucht gar nichts zu tun, um unser Feind zu werden, als nur ein wenig mehr Glück, mehr Besitz, mehr Ansehen, mehr Erfolg zu haben als wir selber.

Zuerst macht uns der Neid unruhig, unzufrieden und gereizt. Dann geht er zum Angriff über mit Verdächtigungen, übler Nachrede und Bosheitsakten. Läßt man ihm

freien Lauf, macht er uns rasend bis zur blinden Vernichtungswut.
Man kann das nicht mit ansehen, ohne den Menschen zuzurufen: Hört doch auf mit diesem gräßlichen Unfug! Laßt doch einander eure Freude und euer Gut! Wenn ihr auch nur den geringsten Anspruch darauf macht, gute Menschen sein zu wollen, dann werft die Dämonen des Neides hinaus. Sie dürfen keinen Platz in euren Herzen einnehmen. Sonst verderben sie euch und euer Glück.
Wer die Tragweite guter und böser Gesinnungen kennt, ihren verborgenen, aber starken Einfluß, der wird es nicht als einen aszetischen Luxus ansehen, wenn ich ihn auffordere, seinen Neid unter Kontrolle zu halten. Die Reinigung unserer Gesinnungen ist die erste Vorbedingung für den kleinen und den großen Frieden in der Welt.

Auf verlorenem Posten?

Ich bin überzeugt, daß viele von Ihren Arbeitskollegen nur ein spöttisches Lächeln aufbringen würden, wenn Sie ihnen sagten, Sie hätten eine Betrachtung über den guten Menschen gemacht.

Gewissenlose Leute können sich nicht vorstellen, wie man so etwas ernst nehmen kann. Sie glauben erfahren genug zu sein, um zu wissen, was in der Welt zählt und Gewicht hat: Härte und Erfolg. Sie sagen: Deine Gesinnungen interessieren keinen, deine Hemmungen machen dich nur lächerlich, deine Ideale schweben in den Wolken. Sieh dich doch um: Was wird gesprochen, was wird geschrieben, was wird gezeigt? Alles, nur nicht der gute Mensch. Unter den tausend kleinen Wirklichkeiten, die deinen Alltag füllen, ist kaum eine, die es mit Gott und dem Gutsein zu tun hat.

Der Lärm des Arbeits- und Genußlebens rauscht über uns hinweg und läßt die feineren Regungen des Herzens unbeachtet hinter sich zurück.

Aber lassen wir uns nicht zu schnell imponieren! Und reagieren wir nicht zu schnell mit Vorwürfen und Klagen! Die Schmutzschicht auf den Lebensformen unserer Zeit ist gar nicht so dick, wie sie scheinen möchte, wenigstens nicht dicker als früher. Das Gute liegt noch immer unzerstörbar darunter; es steht nie auf verlorenem Posten und wird nie abdanken. *Jeder Mensch trägt in seinem Wesen die Grundlagen der Moral,* auch wenn sein Mund sie verachtet. Man kann am Guten nicht einfach vorbeigehen, weil man auf die Dauer an seiner eigenen Natur nicht vorbeigehen kann.

Wenn einer nur ein bißchen nachdenkt, kommt er darauf,

daß die echte Lebensfreude heute wie gestern und morgen entscheidend davon abhängt, daß wir guten Willens an unsere Pflicht und zu unseren Mitmenschen gehen. Diesen guten Willen, das Herzstück eines ethisch wertvollen Lebens, kann man noch immer bei der Mehrzahl der Menschen finden, wenn auch vielleicht nicht bei den lautstärksten.

Es ist ein Glück, daß die Moral leichter in Worten als im Verhalten aufgegeben werden kann. Schließlich merken wir eben doch, daß wir sie brauchen. Tatsächlich, wenn auch oft unausgesprochen, ist in den allermeisten beruflichen und familiären Handlungen der Wille zum Guten eingeschlossen. Kein Verbrechen kann diesen Willen ganz auslöschen. Wer Gefangene zu betreuen hat, weiß viel darüber zu berichten. Große und kleine Sünder haben für ihre Taten immer Erklärungen bereit und beteuern, daß sie das alles eigentlich nicht wollten. Nie wird das Böse selbstverständlich werden, und nie wird das Gute seine Wohnung im Gewissen aufgeben, auch wenn es dort vielleicht nur schläft.

Unsere Betrachtungen wollen diesen stummen guten Willen zum Leben erwecken. Wir sollen einsehen, wiesehr es auf ihn ankommt; daß er die wichtigste Vorbedingung des echten und dauerhaften Erfolgs ist, der Goldgrund jeder menschlichen Leistung; wie er das innere Gewissen und das äußere Zusammenleben glücklich macht. So werden wir mit dem Bewußtsein in den Tag gehen, daß die ethischen Kräfte zuletzt doch stärker sind als alle äußeren Mächte. Der gute Mensch hat die Zukunft auf seiner Seite.

Utopien

Der Vorsatz, ein guter Mensch zu werden, bringt uns in Verlegenheit. Der erste Grund dafür ist, wie wir schon sahen, die Verständnislosigkeit unserer Umgebung. Der zweite Grund dafür liegt in uns selber, darin, daß wir das richtige Maß nicht finden. Davon wollen wir heute reden. Wenn das Gute einmal im Gewissen zündet, hat es eine gewaltige Schubkraft. Das hat zur Folge, daß ein unerleuchtetes Gewissen die blinde Kraft des Willens ins Extrem treibt, wo wir uns im Unmöglichen verlieren.

Gut sein ist mehr als existieren, ist eine Hochform des Lebens, also eine Kunst. Kein Wunder, daß wir diese Kunst erst lernen müssen, daß wir Lehrgeld zahlen mit Mißverständnissen und Übertreibungen, daß wir zum richtigen und reifen Gutsein auch Verstand und Erfahrung brauchen.

Wir sollen nicht mit einer form- und zügellosen Art von Idealismus in den Tag gehen. Das überhitzte Streben hält nicht durch und pflegt meist ins Gegenteil umzuschlagen. Gott hat uns als Menschen geschaffen und will daher Tugenden von menschlichem Gleichgewicht an uns sehen.

Noch klingen uns die begeisterten Parolen in den Ohren, mit denen unbesonnene Eiferer den Weg zum Guten antraten, um ihn alsbald wieder entmutigt zu verlassen. „Ich will künftig nie mehr an mich selbst denken, nur an die andern. Ich will nichts mehr nehmen, nur mehr geben, mich verschenken und aufopfern. Ich werde keine Bitte mehr abschlagen und alles Unrecht schweigend erdulden. Ich werde nachgeben und nie mehr hart sein. Ich werde über niemanden urteilen und keinem einen Vorwurf machen. Ich werde ohne Menschenfurcht überall für das Gute werben und das Böse an den Pranger stellen. Ich will ein pflichttreues Leben führen und keine Kompromisse dulden."

Nicht wahr, das klingt doch großartig und entschieden! Warum also davor warnen? Weil dieser an sich lobenswerte gute Wille unrealistisch über sein Ziel hinausschießt. Nicht jedes einzelne gute Werk kann man beliebig steigern und ins Unermeßliche fortsetzen, denn es verliert dann das gesunde Verhältnis zum Ganzen. Gut ist der Mensch als Ganzer; einzelne Gesinnungen und Akte sind nur gut, sofern sie zum guten Menschen beitragen. Darum sehen wir in einseitigen Übertreibungen ungesunden Wildwuchs, künstliche Produkte scheinfrommen Ehrgeizes, nicht die gewachsene Form einer reifen Persönlichkeit.

Wir werden also in der Selbstlosigkeit, Barmherzigkeit, Berufshingabe und allen anderen Idealen des guten Lebens auf eine vernünftige Ordnung achten. Und das nicht darum, weil wir nicht mehr fertigbringen (was übrigens auch nicht schlimm wäre, weil wir unser Unvermögen in Demut umschmelzen könnten), sondern weil es die Natur der Sache verlangt: *Auf dem Feld des Guten werden Extreme sinnlos.*

Eine psychologische Beobachtung bestätigt uns das: Tragen nicht Idealisten, deren sinnlose Angriffe auf das Unmögliche immer wieder scheitern, eine geheime Verzweiflung in sich und rächen sie sich nicht oft dafür mit merkwürdiger Gereiztheit, ja mit Haß an ihren glücklicheren Mitmenschen? Wie bescheiden und vernünftig müssen wir also werden, um wirklich gut zu sein!

Mäßigkeit

Die Einsicht, daß menschliches Gutsein Form und Maß verlangt, ist schon uralt. Sie ist zum Beispiel im Umkreis der antiken griechischen Kultur in die Ethik der *vier Kardinaltugenden* gefaßt worden: Der gute Mensch müsse mäßig, klug, tapfer und gerecht sein. Diese Vierzahl übernimmt auch die Bibel im Buch der Weisheit. Bleiben wir heute bei der ersten Haltung, bei *Zucht und Maß*.
Eine bewußte und energische Steuerung unseres Trieb- und Affektlebens ist deshalb nötig, weil uns Menschen im Gegensatz zum Tier die sicheren Instinktgrenzen fehlen. Wir sollen das Richtige durch eigene, freie Entscheidung für das Gute tun.
Die Leidenschaften der Liebe und des Hasses, der Freude und des Zorns, des Hungers und der Paarung kommen und gehen, ohne zu fragen. Sie können in uns eine wilde Brandung aufpeitschen, in der jedes steuerlose, willenlose Schiff zerschellen muß. Von einem Extrem würden wir in das andere stürzen, wenn nicht der Wille den Kurs einer gesunden Mitte ansteuerte, in der sich die Kräfte die Waage halten und die gebändigten Naturgewalten sinnvoll zur Wirkung kommen.
Ordnung darf allerdings nicht zur Lähmung führen. Wenn die Begrenzung unserer inneren Triebkräfte so weit ginge, daß sie erliegen und ersticken, dann verkümmert unser Wesen, und aus der Ruhe des je neu sich einspielenden Gleichgewichts, in der große Energien bereitstehen, würde die Friedhofsruhe erloschenen Lebens.
Wenn uns die Pferde durchgehen, sollen wir sie geduldig mit dem Lasso der Vernunft wieder einfangen; wenn wir sie nämlich in der Wut unseres Ärgers und unserer Be-

schämung töten, fehlen sie uns dann auch vor dem Wagen des Guten. Denn das Gute zu verwirklichen ist eine Tat und bedarf darum nicht weniger als das Böse der Energie aus dem Kräftespiel einer gesunden Natur.

Wir werden heute, wie an jedem Tag unseres Lebens, vor ganz praktische Aufgaben zuchtvoller Mäßigung gestellt werden. Es lassen sich jetzt nicht alle aufzählen, aber Sie werden sich gewiß gleich an unsere Überlegungen erinnern. Sind doch die meisten Gewissensfragen Fragen nach dem rechten Maß in den Verlockungen und Verwirrungen einer formlosen Triebwelt. Jede Stunde dieses Tages wird uns solche Fragen stellen.

Dann werden wir froh sein, eine klare und vernünftige Orientierung zu besitzen, aus der heraus wir unsere eigene Natur besser durchschauen und unser Handeln sinnvoller ordnen. Wir werden aber auch beschämt bemerken, wie weit der Weg ist von einer grundsätzlichen Einsicht bis zu ihrer praktischen Durchführung auf dem von so mächtigen Strömungen bewegten Meer unserer Leidenschaften.

Dennoch werden wir nie aufhören, uns und unseren Kindern die alte Wahrheit einzuschärfen, daß niemand ein guter Mensch genannt werden kann, der seinem Handeln nicht Zucht und Maß gegeben hat. Sollten auch einige dabei zu kümmerlichen Pedanten absinken, werden doch viele aus der ihnen zuströmenden inneren Kraft erkennen, daß sie auf dem richtigen Weg sind. Wie könnte einer auch Gottes Ebenbild heißen, wenn sich in ihm nur das Chaos spiegelt?

Klugheit

Manche Mutter wird morgens die Brote richten, die sie ihrem Mann oder ihren Kindern mitgibt, wenn sie zur Arbeit oder zur Schule gehen. Da uns jeder Tag aber neben dem Hunger noch ganz andere Probleme bringt, muß auch im Hinblick auf diese Probleme Vorsorge getroffen werden. Man sollte uns auch geistige Nahrung mit auf den Weg geben.
Nun, das ist genau das Ziel unserer Besinnung: Wir wollen mit ihrer Hilfe den Tag klüger und besser anfangen. Daß Klugheit nicht nur eine angeborene Geistesgabe ist, sondern auch eine erworbene Tugend sein kann, ist wohl manchem neu. Natürlich gilt vom Talent: „Man hat's, oder man hat's nicht." Aber die meisten könnten mit dem, was sie haben – ob viel oder wenig – weitaus mehr anfangen, wenn sie sich guten Willens entschließen könnten, mit der *Klugheit als einer ethischen Pflicht* Ernst zu machen, das heißt, sie ehrlich zu suchen, zu lieben, zu üben und auszubilden.
Die alten Griechen und das biblische Buch der Weisheit, von denen wir sprachen, zählen die Klugheit zu den Kardinaltugenden, zu den vier Angeln, um die sich alles Gutsein dreht.
Was verstehen wir unter Klugheit? Klugheit im ethischen Sinn ist das *Bestreben, dem praktischen Handeln überlegte Richtigkeit zu geben.* Vom Denken ist es nämlich noch weit zum Tun, und der Wille ist es, der dorthin führt. Es muß ein guter Wille sein, wenn es eine gute Tat werden soll, ein reiner, starker, ein kluger Wille.
Obwohl wir oft sagen hören, Dummheit sei keine Sünde, darf doch keiner auf seiner Dummheit ruhig sitzenblei-

ben, denn er wird dann „Dummheiten machen“, ein Ausdruck, bei dem immer auch eigene Schuld mit gemeint ist.
Wer die Wahrheit liebt – und das tun wir Menschen eigentlich schon von Natur aus –, wird sie soviel wie möglich zu erkennen suchen und sein Leben soweit wie möglich danach einrichten. Es kann für uns nicht gleichgültig sein, ob wir richtig oder falsch sehen, richtig oder falsch handeln. Klugheit gehört zum ganzen Menschen, zum guten Menschen. Was der Klugheit ins Gesicht schlägt, kann nicht wirklich befriedigend und ehrenhaft sein, kann Gott nicht gefallen.
Nur bei blinden Naturvorgängen läßt Gott den Zufall und den Zwang walten; bei uns verlangt er mit Recht mehr. Was heute und morgen mit uns geschieht und was überhaupt einmal aus uns wird, das soll nicht bloß Zufall oder Zwang sein, das soll auch von uns abhängen, auch von unserem vernachlässigten oder ausgebildeten Hausverstand. Machen wir gleich heute die Probe! Unser Tagewerk gelingt bestimmt besser, wenn wir es besonnen und überlegt angehen, wenn wir lernen, den Mund zu halten und die Augen aufzumachen, wenn wir uns von unseren Vorurteilen und Stimmungen nicht mehr täuschen lassen und ohne Umwege auf die objektive Wirklichkeit zusteuern, wenn wir unsere Interessen und Energien gleich auf das Richtige konzentrieren. Klüger zu werden ist ein Teil unseres Programmes, besser zu werden ein Teil der Verantwortung, die wir dem schulden, der der Schöpfer und Freund unseres Geistes ist: Gott, die ewige Weisheit.

Tapferkeit

Wir wollen im Bild des guten Menschen einen sehr markanten Zug nachzeichnen: die dritte Kardinaltugend, die Tapferkeit.

Meine Aufgabe ist schwer, denn ich bringe in den Kampf, den Sie kämpfen müssen, ja nur die Waffe des Wortes mit. Es hilft nicht viel, wenn ich einem Verzagten sage: Verzage nicht!, einem Ängstlichen: Habe keine Angst mehr!, einem Feigling: Pack ernsthaft und mutig zu!

Es ist aber immerhin schon recht heilsam, zu erfahren, daß *Starkmut eine Tugend, ein unentbehrlicher ethischer Wert* ist.

Zu oft schon hat sich die Stärke im Bereich der gewissenlosen Brutalität, des Hasses und der Gier angesiedelt, von wo sie verächtlich auf die blutarme, engbrüstige Schwäche der Frommen herunterschaut. Macht und Mut sind oft zum Bösen mißbraucht worden, daß uns die Vorstellung, auch ein guter Mensch müsse darüber verfügen, schon fast fremd geworden ist. Die Idee der Tapferkeit rutscht uns gleich ab in Tollkühnheit oder Tyrannei.

Wir befinden uns also mit unseren Idealen unentschlossen wie in einer Art Lähmung. Daß Gewissensentscheidungen auch einmal einen kraftvollen Einsatz verlangen, einen fühlbaren, vielleicht schmerzlichen Kampf auslösen und den Menschen, der ihnen folgt, groß und ernsthaft, hart und zäh machen, das erscheint uns ungewohnt. Wie könnten wir sonst so schnell und wortreich klagen und anklagen, wenn wir das Gute einmal nicht bloß aus Routine, sondern als echte Leistung, also mit Gefälle und Widerstand, tun sollen?

In ruhigen und bequemen Zeiten verweichlichen wir

gern – und mit uns unsere Begriffe von Gott, von Gut und Böse, vom Sinn unseres Lebens. Das sollte unsere Besinnung korrigieren. Wer weiß, was der heutige Tag noch von uns verlangt? Wenn wir heute gut sein wollen, werden wir auch stark und tapfer sein müssen, wenn nicht aus stolzem Dünkel, so doch mit Gottes Hilfe.

Es ist eine wahrhaft satanische Taktik des Versuchers, uns am inneren Wachstum dadurch zu hindern, daß er das Schwere zu schwer, das Harte zu hart, das Große zu groß erscheinen läßt. So schüchtert er uns gerade in den entscheidenden Situationen ein und erbittert uns gegen Gott, der uns solches zumutet. Hat er uns aber einmal Mut, Kraft und Schwung genommen, verlieren wir schnell an Größe. So will uns Satan: als wehleidige Kreaturen, die ihre letzte Kraft noch dazu verwenden, ihren Vater zu lästern.

In Wirklichkeit verpassen wir damit unsere besten Chancen, denn keine Zumutung Gottes ist ohne gesunde Proportion zu unseren Kräften, wenn manche dieser Kräfte auch erst erweckt und trainiert werden müssen. Wenn Liebe darin besteht, den andern selbstlos zu bejahen und zu fördern, dann liebt uns keiner wie Gott, der uns groß sehen möchte, dessen großzügigen Gaben nur unser kleiner Mut Grenzen setzt.

Daß wahre Größe nicht billig ist, versteht sich von selbst, und gerade das wird einen guten Teil unserer ewigen Seligkeit ausmachen, in deren Vorfreude ein Apostel Paulus sagen durfte: „Ich habe den guten Kampf gekämpft, den Lauf vollendet, die Treue gehalten. Schon jetzt liegt für mich der Kranz der Gerechtigkeit bereit“ (2 Tim 4,7–8).

Gerechtigkeit

Wir wenden uns der vierten Kardinaltugend zu, der Gerechtigkeit, die darin besteht, jedem das Seine zu geben beziehungsweise zu lassen. Unser Tag könnte kein guter Tag werden, wenn wir uns nicht zu einem unbedingt gerechten Denken und Handeln entschließen. Wahrscheinlich glauben wir diese Minimalforderung im Verhältnis zu unseren Mitmenschen längst erfüllt zu haben und merken nicht, wie weit unser von Ichbefangenheit und leidenschaftlichen Interessen verzerrtes Verhalten noch davon entfernt ist.

Fangen wir bei der Wurzel an: bei der *Gerechtigkeit des Denkens.* Nur ein wirklich vornehmer und sachlicher Mensch vermag einen andern gerecht zu beurteilen. Ich muß sagen, daß mir nur sehr wenige Charaktere solcher Art begegnet sind. Selbst der Wohlmeinende ist nicht bewahrt vor falschen Urteilen, da er sich oft nicht genug Mühe gibt, in den meist komplizierten Sachverhalt einzudringen. Wer also gerecht urteilen will, wird vorsichtig, sorgfältig und wohlwollend urteilen. Sehr oft wird er das Urteil Gott allein anheimstellen.

Die gleiche Gefahr falscher Selbstverständlichkeit bedroht auch die *Gerechtigkeit unseres äußeren Tuns.* Wir glauben, unsere Schuldigkeit gegen den andern getan zu haben, wenn wir schematisch den Buchstaben des Gesetzes erfüllen. Wir verschanzen uns hinter Verträge und Tarife und vergessen, daß Gerechtigkeit eine Tugend ist, also nicht mit Zahlen und Buchstaben, sondern nur mit dem Geist vollzogen werden kann. Wenn wir die gerechten Ansprüche des Mitmenschen nicht aufrichtig in unsere Gesinnungen und Absichten aufgenommen haben, kann unser Verhalten noch nicht im ethischen Sinn gerecht genannt werden. Das wird uns allerdings heute schwer gemacht durch die komplizierte Verflechtung der Interessen und die entsprechende Anhäufung von Gesetzen. Die Gesetzgebung läuft auf vollen Touren und kommt doch kaum den Bedürfnissen des von Machtkämpfen zerrissenen öffentlichen Lebens nach.

Es bleibt die Frage, ob man die Krankheit des asozialen Verhaltens je auf solche Weise heilen wird. Ist der menschliche Wille einmal aus der Erziehung zur Gerechtigkeit ausgebrochen, wird man ihn mit noch so vielen Normen nicht mehr einfangen. Wir brauchen nur darum so viele Gesetze, weil wir nicht mehr aus uns selbst gerecht sein wollen und nur noch geschriebenes Recht respektieren. Wir brauchen den Buchstaben, weil es am Geist fehlt.

Wir sehen, es gibt Grund genug zu einer Besinnung über die Gerechtigkeit. Einmal darauf aufmerksam geworden, finden wir an jedem Tag Material für die Gewissenserforschung. Unsere ganze Höflichkeit und Freundschaft im Umgang bliebe eine oberflächliche und wenig krisenfeste Heuchelei, wenn ihr das Fundament einer soliden und sauberen Gesinnung fehlte. Reden wir nicht von Liebe, solange wir nicht gelernt haben, dem andern das Seine zu geben, und zwar ohne die Abstriche des Geizes, ohne das Gift des Neides, ohne Hemmungen der Herzensträgheit. Wie sollten wir gute Menschen sein, wenn wir nicht mindestens gerechte Menschen werden?

Pflicht ehrt

Versetzen wir uns in die Situation eines frühen Morgens: Es ist noch dunkel. Unsere Nachbarn schlafen wohl noch, und wir täten es auch, wenn die Pflicht uns nicht riefe. In diesem verschlafenen Augenblick sind wir nicht gut auf unsere Pflicht zu sprechen und vertragen noch keine Mahnungen. Musik bringt uns leichter auf die Beine; sie spricht schneller das Gefühl an; sie weckt uns auf. Jedoch ein guter Gedanke, der zwar langsamer eindringt, aber auch länger anhält, kann das doch auch.
Der Gedanke, der uns heute begleiten soll, ist folgender: Berufsarbeit und alles, was damit zusammenhängt, ist für uns im allgemeinen kein beklagenswertes Los, sondern eine heilsame Notwendigkeit. Die Opfer an Freiheit und Bequemlichkeit, die uns beim Aufstehen riesengroß erscheinen, sind im Verhältnis zum Gewinn in erträglichen Grenzen. Sie denken bei dem Wort Gewinn vielleicht an den Verdienst, der eben anders nicht zu haben ist. Ich denke jedoch an den menschlichen, charakterlichen Gewinn, der allein schon aller Anstrengung wert ist.
Was zuerst als Zwang gefühlt wird, kann in Wirklichkeit eine Gnade sein. Ein gebrochener Fuß muß ja auch zuerst in die richtige Lage gebracht und dann durch den Gipsverband darin festgehalten werden. Diese Einengung der Bewegungsfreiheit ist die Voraussetzung der Heilung.
Wäre die Erde ein Paradies und jeder Mensch frei von zerstörerischen Leidenschaften, dann könnte man sich vielleicht vorstellen, daß kein Kampf und keine besondere Mühe nötig wären, um mit dem leiblichen Leben auch das seelische, mit der Gesundheit auch die Tugend wachsen zu lassen. Tatsächlich aber leben wir in einem

viel rauheren Klima, und so wie wir sind, scheinen wir es auch zu brauchen.

Wir sehen täglich, wie das Wohlleben verweichlicht und wie nützlich eine gewisse Abhärtung ist. Es ist kein Glück für einen jungen Menschen, seinen Lebensweg allzu geebnet und leicht vor sich zu sehen. Er verliert unversehens seine Wachsamkeit, seine Willenskraft, sein Mitgefühl mit dem andern. Alles in ihm wird flau und lau. Kommt einmal die unvermeidliche innere Kraftprobe, dann zerfällt seine Haltung. Er wird jammern und die Nerven verlieren, oder er wird gewalttätig. Beides macht ihn für sein eigenes Glück und für das Leben in der Gesellschaft unfähig.

Wenn wir daher unverdrossen an unsere tägliche Arbeit gehen, sind wir nicht zu bedauern, sondern zu beglückwünschen. Es ist sinnvoll und gut, daß man etwas von uns verlangt. Jede Pflicht ist auch eine Ehre, denn sie ist ein Ruf zur Tat im Vertrauen auf unser Können und Wollen. Und sie führt uns auf den gesunden Weg zur inneren Zufriedenheit: Was tausend Schmeichler nicht vermögen, schenkt uns eine ehrlich erfüllte Pflicht: das Bewußtsein, vor Gott und den Menschen etwas wert zu sein.

Arbeit

Wir müssen arbeiten. Das ist jedem klar, der etwas erreichen will. Die Frage ist nur, was wir uns dabei denken und wie wir arbeiten. Es wird sich unserem Gewissen ein enger Zusammenhang von Gutsein und Arbeit zeigen, die Notwendigkeit einer echten Arbeitsmoral.

Im primitiven Zustand der Menschheit diente die Arbeit nur dem unmittelbaren eigenen Bedürfnis nach Nahrung und Schutz. Der Arbeitsvorgang blieb übersichtlich in seiner Notwendigkeit und in seinem Erfolg. Die Spezialisierung war noch gering. Diesen Vorzügen standen als Nachteile gegenüber: die Schwere der Arbeit ohne technisch entwickeltes Werkzeug und die völlige Abhängigkeit von den Wechselfällen des Naturgeschehens.

Dem zivilisierten Menschen ist die Arbeit leichter und sicherer geworden.

Aber die hohe Spezialisierung verwehrt dem einzelnen den Blick aufs Ganze, auf das Werk, das jedem Handgriff seinen Sinn gibt. Selbst wenn einer mehr produziert als Fließbandgriffe, überblickt er doch kaum die Verflechtung seiner Arbeit mit dem Leben. Was er erzeugt, braucht er selber nicht, er wird nur dafür bezahlt. So fehlen zwei wichtige Motive, die der natürlichen Arbeit noch zukamen: die echt erlebte Notwendigkeit und die Werkfreude. Der innere Sinn versöhnte den Schaffenden mit seiner Ermüdung. Heute dagegen sind wir schon innerlich müde, bevor wir noch die Hand an ein fremdes Werk gelegt haben.

Man kann die Rationalisierung unserer Arbeitswelt nicht rückgängig machen. Sie hat ja auch Leistungen ermöglicht, auf die wir stolz sind und auf die wir nicht mehr verzichten wollen. Aber an der Kehrseite dieser Erfolge, an den unleugbaren Schäden der sozialen Ordnung und des personalen Lebens, müßte zum Ausgleich etwas geschehen. Was da von oben nach unten, von seiten der Behörden, geschehen soll, steht in den politischen Programmen. Was wir aber von unten nach oben, aus erwachender Verantwortung jedes einzelnen für das Ganze, tun sollen, das überlegen wir uns hier.

Der gute Wille, die Gewissenhaftigkeit, die Gesinnungspflege, kurz: *das ethische Element unserer Leistungen, ist auch bei der Arbeit unersetzlich.* Keine Organisation und technische Perfektion reicht aus, um in einem Betrieb den Mangel an persönlichem Einsatz auszugleichen. Auch die automatische Produktion liegt zuletzt in der Hand des Menschen. Sie steigert seine Möglichkeiten ins Ungeheure, aber die Sinnrichtung gibt nach wie vor der vom Guten oder Bösen inspirierter Wille.

Alle Systeme und Betriebe sind soviel wert wie die Menschen, die sie tragen. Wir müssen also aus eigener Initiative etwas tun, um der Verödung der Arbeit abzuhelfen. Auch das ist ein „gutes Werk", heute sogar dringlicher als manches der üblichen „guten Werke", die oft recht billig sind und an der falschen Stelle ansetzen.

Wenn wir erst einmal die hier waltenden menschlichen und sachlichen Zusammenhänge begriffen haben, werden wir auch mehr Freude mitbringen und uns mit dem Chef und den Mitarbeitern zu einer echten Leistungsgemeinschaft zusammenschließen. Dann könnte auch der Arbeitsplatz zu einem Stück Heimat werden und der tägliche Gang zur Arbeit uns weniger schwerfallen.

In schwieriger Ehe

Für viele von uns beginnt immer wieder ein grauer ehelicher Alltag. Halten wir ein wenig inne, bevor wir uns darüber beklagen. Es könnte sein, daß Gott uns keine Beteuerungen, gut sein zu wollen, abnimmt, bis wir sie ganz nüchtern in den Alltag übersetzen.
Denkt einmal zurück! Damals, als ihr euch kennengelernt habt und entschlossen wart, einen gemeinsamen Lebensweg zu gehen, gab man euch manchen guten Ratschlag zum Heiraten: „Prüft euch; denkt auch an eure Fehler; wartet, bis ihr einen ordentlichen Hausstand habt; bleibt aufmerksam füreinander; immer ehrlich; und wenn Spannungen auftreten, habt Geduld!" Ihr habt geglaubt, diese Prüfung mit Leichtigkeit zu bestehen, habt gemeint, das Glück könne eigentlich gar nicht ausbleiben.
Dann aber ist es anders gekommen. Eine merkwürdige Mischung von Verhängnis und Schuld hat Kreuze an den gemeinsamen Weg gestellt. So viel inneres und äußeres Leid, daß mancher den Weg wieder zurückginge, wenn er könnte. Das Gutsein wurde schwierig, fast nur mehr eine Erinnerung.
Woran lag das? Waren die Ratgeber unklug, oder wart ihr unreif? Nein, alle taten, was sie konnten. Und doch hat keiner erreicht, was er wollte.
Hier braucht es einen Ratschlag, der wichtiger ist als die einzelnen Empfehlungen, die man euch gab und die ihr ja befolgt habt. Einen Rat, den man dennoch selten hört. Bevor er nämlich einen festen Inhalt hat, erscheint er zu selbstverständlich, und wenn man ihn erhält, erscheint er so hart, daß man es lieber andern überläßt, auf seinen Kern zu kommen.

Es ist der Rat, das eigene Leben, wie es auch sei, also auch die eigene Ehe, wie sie auch sei, solange wie nur möglich als ein *Geschick aus Gottes Hand* anzunehmen. Jedes Geschick aus dieser Hand ist ein Geschenk, aber es ist nicht immer auf den ersten Blick als Geschenk erkennbar.

Während es uns gut geht, lassen wir uns das gern sagen, aber Schmerzen nimmt keiner willig an. Indem wir uns vergeblich gegen das Unvermeidliche wehren und an den einmal gesetzten Grenzen rütteln, verschlimmern wir nur unsere Lage. Es hat keinen Sinn, die Augen vor der Tatsache zu verschließen, daß der Spielraum unserer Freiheit ziemlich eng begrenzt ist. Überall müssen wir uns vorgezeichneten Möglichkeiten anpassen und erreichen dann am meisten, wenn wir uns am besten einfügen.

Wir haben uns unser Volk und unsere Zeit, unsere Eltern und unsere Kinder, unsere körperlichen und geistigen Anlagen nicht aussuchen können, obwohl das alles unser Glück und Unglück weitgehend bestimmt.

Diese Grundsätze auf eine schwierige Ehe anzuwenden, ist keine Kleinigkeit. Darum versucht man lieber andere Lösungen: Man tobt, doch ohne etwas zu bessern; man flieht in die Scheidung, doch mit schlechtem Gewissen. Es gibt in den harten Grenzfällen des Lebens nur *eine* ehrenhafte Lösung: sich der Aufgabe stellen und guten Willen behalten, selbst dann noch, wenn eine äußere Trennung unvermeidlich ist.

Das kann man allerdings nur, wenn man überzeugt ist, daß man es mit Fügungen Gottes zu tun hat. Auch durch eine schwere Ehe kann uns Gott den Weg bahnen zur Gemeinschaft der Heiligen, in die alles Gutsein einmal mündet.

Beseeltes Tun

Fast den ganzen Tag, die ganze Woche hindurch haben wir mit Dingen zu tun, die uns vor Augen oder in den Ohren liegen, die gerade eben nötig oder aktuell sind. So geht die Zeit dahin und nimmt uns mit, bevor wir uns auch nur umgesehen haben. Wäre es da nicht gut, am Morgen oder am Abend etwas inneren Abstand zu nehmen, um Ruhe und damit besseren Überblick und Einblick zu gewinnen?

Auch das Gutsein, von dem wir in diesen Besinnungen sprechen, braucht als Wurzelgrund ein ruhiges, wissendes Herz. Sonst taugt es genausowenig wie ein Garten ohne Erde, ein Haus ohne Fundament, wie eine Arbeit, die man nicht gelernt hat, oder eine Meinung, die man nicht begründen kann. Ein guter Mensch muß in einem gewissen Grade immer auch ein innerlicher Mensch sein.

Kurz, unruhig und flach ist das meiste, das im Lauf einer Woche kommt und geht. Wenn wir selbst nicht auch so werden wollen, müssen wir von Zeit zu Zeit innehalten und den vom Lärm betäubten Geist wieder zu seinem eigenen Leben erwecken. Ein unbedachtes und unbeseeltes Tun wäre kein menschliches, erst recht kein gutes Tun. Sich mit dem Aktuellen zu beschäftigen, ist erst dann gefahrlos, wenn wir uns zuvor in der Substanz, im Wesentlichen und Zeitlosen, im eigenen Ich geklärt und gefestigt haben. Mit anderen Worten: *Wir brauchen heute mehr denn je die Meditation.*

Es gibt viele Namen für diesen Vorgang der Versenkung, der inneren Sammlung, der ruhigen Schau, des wortlosen Gebets. Verschiedene Stufen und Methoden werden angegeben, darunter wohl auch sonderbare und exzentrische. Aber im Grunde wollen alle das gleiche: den zerrissenen Menschen heilen, ihm seine verlorene Mitte und damit seine Ruhe und sein Glück wiedergeben. Alle wissen, daß man Gott und das Gute nicht mit Händen greifen kann. Man muß beides erst in seiner Seele finden, um es dann auch im Sichtbaren nehmen und geben zu können.

Die Begabungen sind verschieden, aber in irgendeiner Form muß jeder von uns zur inneren Einkehr und zum Aufblick zu Gott kommen. Was uns daran hindert, ist neben der Veräußerlichung des heutigen Lebens eine weitverbreitete Unkenntnis und Zaghaftigkeit in geistlichen Dingen. Man hält die Meditation für eine schwierige, nur Fachleuten mögliche Sache. Man fürchtet seine eigenen Tiefen wie das Meer und bleibt entmutigt am flachen Strand des Alltags sitzen.

Nicht eine Sonderbegabung, nein, nur den ehrlichen Willen zur Stille und Sammlung brauchen wir. In jeder bewußten Tat steckt doch schon keimhaft ein meditatives Element: Wir sehen, was wir tun, woher es kommt und wohin es führt. Dieses alles begleitende Wissen bedarf nur des Schutzes und der Pflege, um allmählich zu einer immer und überall vollziehbaren meditativen Grundhaltung zu werden.

Mit der Festsetzung einer bestimmten Zeit für Besinnung und Gebet ist es allein noch nicht getan; unser ganzer Lebensstil muß vom Willen zur Innerlichkeit erfaßt werden. In jede unserer Handlungen, so alltäglich sie auch sei, sollen wir unsere ganze Seele mitbringen. Nur von dorther kommt Sinn und Wert in unser äußeres Tun: Es wird ein gutes Tun.

Reinheit

Alle Religionen und ethischen Lehren verbinden mit großer Selbstverständlichkeit das Gutsein mit dem Reinsein, und so scheint uns die Forderung ganz vertraut, *daß ein guter Mensch ein reines Herz haben müsse*. Es fehlt aber auch nicht an Verächtern dieses Prinzips: Es gehöre zur Idealwelt der Kinder und verliere später seinen Sinn.

So gegensätzliche Stellungnahmen sind nur möglich, weil die Reinheit von unseren Leidenschaften in verwirrende Kämpfe verwickelt wird und schon ihr Begriff vielen unklar bleibt. Wenn ich Ihnen ernst und nachdrücklich empfehle, an Ihr Tagewerk als ein reiner, lauterer Mensch zu gehen, will ich Ihnen aber auch sagen, was unter sittlicher Reinheit zu verstehen ist.

Im materiellen Bereich heißt Reinheit Freiheit von Schmutz; im seelischen Bereich gibt es Reinheit zunächst ebenfalls, wenn auch nur vergleichsweise, im Sinn von Schmutzabweisung. Dann aber in beiden Bereichen mehr positiv als unvermischte und unverminderte Darstellung eines Wesens, etwa einen reinen Klang, eine reine Absicht.

Auch wenn sprachlich meist das Negative, das Reinsein von etwas, im Vordergrund steht, ist doch eigentlich Positives gemeint. Denn wenn die möglichen Mängel und Makel beseitigt sind, wird einer rein das werden, was er sein kann, wird er ungehindert und ganz der sein, der er sein soll.

Erst wenn wir diesen umfassenden Begriff von Reinheit als störungsfreie Wesensentfaltung erfaßt haben, können wir auch den engeren Begriff der Reinheit, die Keuschheit, als ethisches Ideal verstehen.

Die Grundlage der Keuschheit ist keineswegs die Leib- und Geschlechtsentwertung, obwohl die beschämenden Erfahrungen, die wir immer wieder mit beiden machen, viel Fluch und Haß begreiflich machen. Fast die gesamte orientalische Philosophie und Religion ist mit Leibfeindlichkeit belastet.

Nach christlicher Auffassung aber ist der Mensch nicht in dem Maß rein, in dem er die biologische Schicht seines Wesens verleugnet, sondern in dem er sie so harmonisch wie möglich in seine Gesamtexistenz verschmilzt. Die Triebe werden zur Ordnung gerufen. Unser Ich hat keinen reinen Klang mehr, wenn vorlautes Begehren die Einheit von Leib und Geist zerreißt.

Unsere Sinnlichkeit hat ihr Maß nicht in sich selbst, sondern muß es von unserer Vernunft erhalten. Überläßt sich der Mensch der geistlosen Tyrannei der Sinne, wird er unrein, derselbe Mensch, der mit seinem Leib im Frieden der Reinheit leben könnte und sollte. Keuschheit ist nichts anderes als die Anwendung dieses Ideals auf das geschlechtliche Begehren.

Wer also auf die Zusammenhänge achtet, wird in der sittlichen Reinheit einen hohen Wert sehen, ein Qualitätssiegel des guten Menschen.

Güte

Das Thema dieser Besinnung lassen wir uns von unserer Muttersprache geben. In ihr gibt es zwei Wörter, die zwar nicht genau dasselbe bedeuten, deren Gleichklang aber zeigt, wie nah verwandt sie sind, die zwei Wörter: *gut* und *Güte*. Als gute Menschen wollen wir versuchen, auch gütige Menschen zu sein.
Zuerst ist festzustellen, daß nicht alle Temperamente in gleichem Maß der Güte fähig sind. Wir kennen ausgesprochen kantige und harte, kalte und trockene, pedantische und energische Charaktere. Sie werden viel mit sich ringen müssen, um nicht lieblos zu werden. Gott wird an sie wohl auch nicht den gleichen Maßstab anlegen wie an die wärmer und weicher Veranlagten.
Doch wir sprechen hier nicht von Anlagen, sondern von Tugenden, von erworbenen und bewährten Haltungen unseres guten Willens. Mir scheint: Es ist sehr viel mehr Güte möglich, als tatsächlich geübt wird. Auf den ersten Blick schon bemerkt man auf den Straßen, in den Ämtern, auf der Bahn, selbst in der Kirche unsere alltägliche Grobheit, Roheit und Rücksichtslosigkeit. Die feineren Werte, die jenseits der Nützlichkeit liegen, werden vergessen. Begegnen wir doch einmal echter Güte, sagen wir erstaunt: Was für ein selten guter Mensch ist das!
Es wäre doch eigentlich gar nicht so schwer, die Talente des Herzens auszugraben und unseren Tag mit dem Entschluß zu beginnen, es immer und überall zuerst mit der Güte zu versuchen. Nicht alle Probleme lassen sich in Güte beseitigen, das ist leider wahr. Aber geduldige und behutsame Güte löst die meisten von ihnen leichter und dauerhafter als der Druck des Rechtes und der Macht.

Zwang und Krieg sind die letzten und schlechtesten, wenn auch mitunter notwendigen Mittel, Ordnung zu schaffen. Fragen wir uns nun, warum wir gütig sein sollen. Letztlich nicht deshalb, weil Güte den menschlichen Umgang so erleichtert, sondern weil Gott gütig ist. Wir kennen schon das Grundprinzip des ethischen Lebens: Wir sollen gut sein, weil Gott und wie Gott gut ist. Also gütig, weil er, unser Urbild, mit uns so ausnahmslos und unerschöpflich gütig ist.

Er schenkt uns seinen Sohn, und sein Sohn schenkt uns sein Leben. Gottes rettende Liebe nimmt in Christus eine menschenfreundliche, gütige Form an, um uns zu schonen, zu erlösen, zu beglücken. Gnade, also eine Schöpfung der reinen Güte, ist die Grundlage unserer ganzen Existenz.

Vor dieser Gewißheit verblassen die Einwände unseres ungeduldigen und kurzsichtigen Herzens, das schon an Gottes Güte zweifelt, wenn es vom ersten besten Schmerz berührt wird. Wir sollten doch wissen, daß auch darin geheimnisvolle Wohltat liegen kann. „Kleingläubiger, warum hast du gezweifelt?“ (Mt 14,31)

Die Nachahmung der Güte Gottes ist übrigens etwas, das uns sehr gut steht. Sie macht unser Wesen locker und froh, wohltuend und liebenswürdig. Ein gütiger Mensch breitet warmen Sonnenschein über die kalte Welt. Der Mangel an Güte hingegen legt sich wie Frost über die besten Ansätze zum Guten. Verbunden mit ein wenig Güte kann unser guter Wille Erstaunliches erreichen. Haben wir nicht Papst Johannes XXIII. gerade wegen seiner Güte in so schöner Erinnerung?

Frömmigkeit

Ohne Zweifel gehört zum Ideal des guten Menschen, daß er fromm sei, daß er sich in Ehrfurcht vor Gott beuge und die Hoffnung seines Lebens auf ihn richte.
Wer nun freilich die Frömmigkeit nur in der Verzerrung kennenlernte, in der gewisse Leute sie praktizieren und für andere unmöglich machen, der wird hier wütend protestieren und mich auffordern, das Frommsein den kleinen und großen Kindern zu überlassen. Statt aber mit Fehlformen und Mißbräuchen zu fechten, wollen wir lieber gleich zum Kern der Sache vordringen und von da aus den Protest abbauen.
Das Wesentliche am frommen Menschen ist seine *Offenheit und Ehrfurcht vor dem, was größer ist als er.* Wo diese Ehrfurcht die ganze Wahrheit findet, wird sie zur Anbetung Gottes.
Im Gegensatz dazu verschließt sich der Unfromme in die Enge seines Ich oder in die Enge seiner Welt. Er zieht einen mehr oder minder großen Kreis um sich herum und richtet alle Hoffnungen seines Lebens auf das Innere dieses Kreises. Umschließt er damit nur die eigene Person, sprechen wir von Egoismus, Ichbefangenheit, Ichsucht, Ichbesessenheit. Kein solcher Mensch wird von uns gut genannt werden. Aber die nur weitere Dehnung des Kreises ändert noch nichts an der grundsätzlichen Verschlossenheit. Auch die Einbeziehung der familiären und beruflichen Umgebung, des Volkes, des Kulturlebens, der großen Natur und der ganzen Welt trifft den Egoismus nicht entscheidend.
Mitmenschen und Natur sind uns in einem solchen Grad verwandt, daß wir uns selbst in ihnen immer irgendwie

wiederfinden. Wo wir arbeiten und helfen, lieben und bewundern, erschrecken oder erliegen, weitet sich zwar das kleine Ich, aber noch nicht zu der Offenheit, die wir Frömmigkeit nennen.
Wir verlassen unsere Ichbefangenheit erst dann wirklich und ernstlich, wenn ein ganz anderer am Horizont der Welt auftaucht, wenn der unendlich große, allmächtige und allwissende, heilige Gott sichtbar wird. Dann werden alle Kreise um uns sinnlos. Das von Gottes Anruf getroffene Herz kann sich ihm nicht länger verschließen. Es spürt mit einem Mal, daß alle Hingabe, die es bisher lernte, nur Vorstufe war für die große, einzigartige, bedingungslose Hingabe, die Gott gebührt.
Wir sehen, wie Frömmigkeit ganz und gar von dem Gottesbegriff, von der lebendigen Erfahrung Gottes, abhängt. Religion fängt genau dort an, wo man Gott ernst zu nehmen beginnt, und sie erstarrt dort zum toten Zeremoniell, wo man unter Beibehaltung des äußeren Brauchtums seine Frömmigkeit verloren hat.
Die Frage also, ob und wie man fromm sein soll, darf nicht an Äußerlichkeiten entschieden werden. Wir kommen mit frommen – oder besser: scheinfrommen – Gesten allein Gott keinen Schritt näher. Was hier, wie bei allen ethisch guten Handlungen, zählt, ist die Verwurzelung im Erkennen und Wollen.
Soll sich dieses Handeln auf Gott beziehen und Heiliges berühren, ist eine gewisse geistige Reife unerläßlich.

Das Böse

Jedesmal, wenn es uns gelingt, einer guten Entscheidung unseres Gewissens zu folgen, erfüllt eine ganz unvergleichliche Freude unser Herz. Dementsprechend ist aber auch der Schmerz groß, den wir darüber empfinden, daß wir Böses tun und böse sind.
Keinem von uns bleibt diese bittere Erfahrung erspart. Jeder findet sich einmal in der traurigen Lage, in der Paulus schrieb: „Ich aber bin Fleisch, das heißt: verkauft an die Sünde ... das Wollen ist bei mir vorhanden, aber ich mag das Gute nicht zu verwirklichen. Denn ich tue nicht das Gute, das ich will, sondern das Böse, das ich nicht will... Ich sehe aber ein anderes Gesetz in meinen Gliedern... Ich unglücklicher Mensch! Wer wird mich aus diesem dem Tod verfallenen Leib erretten?" (Röm 7,14–24)
Wir haben vom guten Menschen nicht gesprochen, um uns Illusionen zu machen. Während wir das Bild der Nachahmung Gottes betrachteten und von jedem seiner Züge begeistert und angelockt wurden, durften wir nicht vergessen, daß in uns auch eine rätselhafte Lust zum Bösen wohnt. Die Menschheit trägt vom Anfang ihrer Geschichte an auch Züge aus dem Bild ihres Verführers, des „Vaters der Lüge und Mörders von Anbeginn" (vgl. Joh 8,44). *Das Böse ist eine erschreckende, aber unleugbare Tatsache in der Welt und in meinem Herzen.*
Es wäre unrealistisch und bliebe ohne Erfolg, einfach nach dem Guten greifen zu wollen. So wie die Dinge mit uns stehen, ist es nur über Mühe und Sieg erreichbar. Es muß dem Bösen abgerungen, Schritt für Schritt angeeignet und wachsam verteidigt werden.
Wenn wir dies alles aus unseren eigenen Kräften tun soll-

ten, fielen wir in noch tiefere Niedergeschlagenheit. Was uns mit Recht beunruhigt, ist der scheinbar unauflösbare Widerspruch in uns selbst: Dasselbe Gute, das uns heute so nahe liegt, erscheint uns morgen fremd, das Mögliche wechselt jäh ins Unmögliche, Ordnung verkehrt sich ins Chaos. Mancher kommt angesichts dieser inneren Halt- und Hilflosigkeit der Verzweiflung nahe.
Hier helfen keine schönen Worte und keine noch so richtigen Wegweiser mehr. Der Mensch liegt am Boden, und es muß ein Stärkerer und Reinerer kommen, um ihn aufzuheben und zu retten. Das hat Gott selbst getan. Sein Sohn kam als mein Erlöser. Nicht nur als Lehrer und Vorbild, nein, als Erlöser, sterbend für mich am Kreuz, um mein entsühntes Leben mit Auferstehungshoffnung zu krönen.
Nur wer die unheimliche Macht des Bösen kennt, wird die Tiefe der Dankbarkeit und Freude derer verstehen, die sich Christus anvertrauen. Nur wer den Gegensatz von Himmel und Erde kennt, wird von ihrer Versöhnung durch Christus eine beglückende Vorstellung haben.
Halten wir uns das alles vor Augen, bevor wir in einen neuen Tag gehen. Wir nehmen von unseren früheren Besinnungen Ideen und Ideale mit, die als lohnende Ziele Freude machen, Kräfte wecken und Richtung weisen. Diese Betrachtung aber soll uns auf das Böse gefaßt machen und uns an die Seite Christi stellen, des einzigen, der aus sich selbst dem Bösen gewachsen war und dessen Gnade auch in uns das Böse überwindet.

Anstoß zur Umkehr

Wenn Gutes und Böses in unserem Herzen miteinander ringen, zieht das Gute oft den kürzeren. Dann laufen wir mit einem schlechten Gewissen herum und decken es ängstlich zu, um noch vor uns und den andern bestehen zu können.
Auf Mahnungen reagieren wir sauer. Wir weigern uns, etwas zu schlucken, was nicht schmeckt. Reue schmeckt nun einmal bitter. Schuld schämt sich und mag nicht gesehen werden. So flieht sie in die vielen Schlupfwinkel der Selbsttäuschung und hängt sich biedere Mäntelchen um. Wie soll es da besser werden mit uns?
Manchem ist ein Wort der Heiligen Schrift, zufällig gehört oder gelesen, zu Hilfe gekommen. Es ist ihm wie dem heiligen Augustinus in die Knochen gefahren, und er weiß im selben Augenblick: Ich muß ein anderer Mensch werden! Wie ein Blitz zerriß ein Wort Christi seine innere Nacht, verjagte die Nebel der Verschlafenheit, machte mit dem unschlüssigen Schwanken und Handeln ein Ende. Jetzt gilt's! Ich fange an. Herr, hilf mir!
Andere erschüttert vielleicht die Begegnung mit einem Menschen. Sie sehen ihn so klar und fest, daß plötzlich die Sehnsucht erwacht: So möchte ich auch werden. Oder umgekehrt: Welch ein Wrack von einem Menschen! Wird es mit dir auch so bergab gehen? Oder es sagt dir einer im Zorn: Du bist unmöglich! Kehr um! – Sind wir vielleicht schon taub geworden für solche Warnsignale?
Wieder anderen gehen ohne solchen Anstoß von außen, etwa in einer unerwarteten Stille, plötzlich über sich selbst die Augen auf. Sie sehen sich, und es würgt sie der Ekel: So, das bist du also? Sie durchschauen die Maske ihrer

Tarnung und erschrecken über sich selbst. Und dieser Schrecken gibt ihnen die Kraft, ihr bisheriges Leben aus den Angeln zu heben.
Schließlich kommen viele Menschen auch ohne merklichen Ruck weiter. Sie wachsen und reifen in stetigem Bemühen. Die Natur macht von sich aus keine Sprünge. Glücklich der Mensch, der es sich zur Natur werden läßt, im Guten zu wachsen!
Oder muß doch erst ein Schicksalsschlag uns treffen, bevor wir merken, worauf es wirklich ankommt? Muß Gott sich uns erst mit ägyptischen Plagen in Erinnerung bringen? Muß er donnern, um sich Gehör zu verschaffen? Muß eine Katastrophe uns erst aus der Bahn werfen? Müssen wir auf frischer Tat ertappt und mit glühender Beschämung übergossen werden, ehe wir begreifen, was wir anrichten?
Uns könnte doch rechtzeitige Besinnung das alles ersparen. Kommen wir uns doch ein wenig entgegen, verlassen wir die unnützen Festungen und reichen wir uns auf offenem Feld die Hand. Wir haben uns gegenseitig nichts vorzuwerfen, denn das Gericht hat sich Gott für das Ende vorbehalten. Einstweilen hat jeder noch die Chance, sich auf die richtige Seite zu schlagen. Der einzige Preis dafür ist die innere Umkehr. Es war nicht ehrenvoll, zu stürzen; aber es ist ehrenvoll, den Blick auf das Gute, auf Gott, zu richten und aufzustehen.

Das Heilige

Wie man nicht müde wird, mit einem guten Menschen zu leben, so könnte man von ihm auch unerschöpflich reden. Nur mit wenigen Strichen haben wir das Bild des guten Menschen zeichnen können, vorzugsweise mit solchen Strichen, die wir alle mit gutem Willen sehen können. So verschieden die religiösen Bekenntnisse auch sein mögen, sie haben noch viel Gutes miteinander gemeinsam. Dieses gemeinsame Gute wollten wir wecken, um allen zu dienen.

Wer darüber hinaus mit den Augen des katholischen Glaubens zu sehen vermag, wird am guten Menschen noch schönere Züge entdecken, die Gottes Gnade in sein Wesen zeichnet. Die durch die Sünde entstellte Schöpfung wurde ja durch die Erlösung Christi von Grund auf erneuert. Der den Jüngern Christi geschenkte Heilige Geist öffnet ihnen viel tiefergehende Möglichkeiten der Gottebenbildlichkeit, also des Gutseins.

Es war aber nicht nur menschliche Rücksicht, die mich davon schweigen ließ. Die Natur der Sache selbst verlangt Zurückhaltung, wenn das auch mancher im apostolischen Übereifer vergißt. Die Wahrheit, die zwar theoretisch überall erkannt werden kann, wo Vernunft ihr begegnet, ist praktisch doch nur dort aufschließbar, wo das Klima der Lebensführung auf sie abgestimmt ist. *Erkennen und Leben stehen in wechselseitiger Abhängigkeit.*

Die Kirche der Frühzeit hat darum ihre intimeren Dogmen nicht in die Missionspredigt aufgenommen, sondern nur den Getauften im Rahmen der Meßfeier verkündigt. Nur am Altar, wo Heilswort und Heilstat verbunden sind, kann das volle Licht der Offenbarung leuchten. Dort auch hatte die Heilige Schrift ihren Platz und durfte nicht den Heiden ausgeliefert werden. Nur in einem von Ehrfurcht beseelten Raum dürfen wir hoffen, dem Heiligen zu begegnen.

Man erweist Gott keinen Dienst, wenn man diese Grenzen überspringt, denn der Preis für die größere Verbreitung ist teuer: Entweder verflacht die Botschaft, oder es wächst das Risiko, sie dem Gespött auszusetzen, womit man ihr auf lange Zeit die Aussicht nimmt, unvoreingenommen gehört zu werden.

So hatte ja auch Jesus lange gezögert mit dem Messiasbekenntnis, mit der Einsetzung der Eucharistie, mit der Einführung seiner Apostel in das Verständnis des Glaubens. Er wußte, daß die großen Einsichten ihre Zeit und ihren Ort haben. Er sagte: „Noch vieles habe ich euch zu sagen, aber ihr könnt es jetzt nicht tragen“ (Joh 16,12), und bei anderer Gelegenheit noch schärfer: „Gebt das Heilige nicht den Hunden, und werft eure Perlen nicht den Schweinen vor“ (Mt 7,6).

Sollte unsere Zeit tatsächlich dem Heiligen weniger aufgeschlossen sein als frühere Epochen, so wird sich das durch Worte allein nicht ändern. Man muß der gelebten Ehrfurcht begegnen, um sie zu begreifen und um die Lust zu verspüren, sie nachzuahmen.

Verstehen Sie von daher die ungeheure Bedeutung einer Erneuerung des liturgischen Lebens in der Kirche? Wenn unsere Gottesdienste wieder sind, was sie sein sollen, dann werden sich in ihnen alle Farben aus dem Licht des Gutseins finden und darüber hinaus die unsagbare Schönheit derer, die von Gottes Gnade leuchten. Erwarten Sie also nicht von irgendeiner Seite, was echt nur am Altar zu haben ist.

Symbole verstehen

Der Schritt nach innen

Unsere Zeit ist stolz auf ihre Errungenschaften und meint, große Fortschritte zu machen. Täglich sehen und spüren wir die technischen und sozialen Erleichterungen des Lebens.

Aber es gibt auch eine Kehrseite dieser Entwicklung. Vieles, was sich Fortschritt nennt, ist einseitig und geistlos. Technik allein bringt den Menschen als solchen, als ganzen nicht weiter. Denn nur zu oft wird der äußere Gewinn mit inneren Verlusten teuer bezahlt. Das Äußere ist daran, das Innere zuzudecken. Was uns eigentlich glücklich macht, was wir schätzen und wünschen, wissen und können, empfinden und verstehen, kurz: die seelische Seite unseres Tuns, verkümmert allmählich, und wir merken es nicht oder spüren nur ein unbestimmtes, nicht begriffenes Unbehagen.

Damit aber unser Wohlbefinden von heute nicht unser Unglück von morgen wird, wollen wir in unseren Betrachtungen etwas gegen die drohende seelische Verarmung der Zeit tun. Wir, die vom Fortschritt träumen, müssen den Schritt nach innen üben, den Schritt in unser Inneres und in das Innere der Dinge und Geschehnisse. Wir wollen ruhig und aufmerksam nachdenken über den Sinn und die Bedeutung dessen, was uns äußerlich beschäftigt. Wer sich dafür keine Zeit nimmt, schadet sich selbst. Denn erst auf dieser höheren Stufe des Lebens können wir Befriedigung finden und an unserer Menschenwürde Freude haben.

Unser Leben ist eine geheimnisvolle Mischung. Bekanntes und Unbekanntes, Mögliches und Unmögliches, Anschauliches und Unsichtbares stehen darin dicht beiein-

ander, ja durchdringen sich untrennbar. Das macht unsere Aufgaben vielschichtig und somit reizvoll, aber auch schwierig.
Vieles läßt sich nicht so deutlich sehen, nicht so klar zeigen, nicht so entschieden tun, wie wir möchten. Nicht immer finden wir das rechte Wort, wenn wir ausdrücken wollen, was uns bewegt. Das Alltägliche, immer Gleiche, allen von außen Zugängliche, ja das ist leicht gesagt. Aber alles hat eine verborgene Innenseite, die sich dem direkten Zugriff entzieht.
Die persönliche geistige Welt der Gedanken, Empfindungen und Wünsche läßt sich oft *besser in Symbolen als in Worten* ausdrücken. Denn auch Bilder und Zeichen können sprechen. Die Wahrheit ist darin leicht zum Nehmen und Geben. Wir müssen sie nicht erst zerlegen, um an ihre Bedeutung heranzukommen. Symbole sind auch beständiger als flüchtige Worte. Sie bleiben bei uns und können warten, bis wir sie verstehen. Ist das nicht auch die Sprache des Evangeliums?
Es ist uns vielleicht nicht bewußt, wie sehr wir auf Symbole angewiesen sind und wie oft wir davon Gebrauch machen. Wir sollten diesen Gebrauch einmal näher betrachten, sollten den darin verborgenen Sinn erkennen. Was uns zum Beispiel der Sonntag geben kann, ist die Beschäftigung mit den Symbolen der Religion. Hintergründig und vielschichtig ist das Wort Gottes in der Hl. Schrift, ist unser Kult in Messe und Sakramenten, sind die Mysterien des Glaubens. Öffnet sich uns hier das Verständnis, werden wir auch in den anderen Bereichen sinnvoller zu leben lernen.

Die Hand reichen

Unsere Besinnungen sollen uns eine geistige Freude machen. Wir holen jeweils eine Geste unseres täglichen Lebens aus dem Dunkel der Gewohnheit ins Licht der Betrachtung. Zu unserem Erstaunen werden wir darin einen tieferen Sinn entdecken.

Ich nenne das eine geistige Freude, denn wie ein Wanderer oder ein Forscher über seine Entdeckungen Freude empfindet, so wird uns jeder Schritt freuen, den wir in Richtung auf sinnvolle Zusammenhänge tun können. Wir wollen ja nicht blind und dumpf dahinleben.

Gott hat dem Menschen einen Leib gegeben, der in der gesunden Betätigung seiner Glieder und seiner fünf Sinne Befriedigung findet. Aber er gab uns darüber hinaus auch eine geistige Seele, die sich vom Brot der Erkenntnis nährt. So kommt Licht in unser Inneres, die Helligkeit, in der wir das Glück und die Verantwortung des Menschseins erfassen.

Unser erster Blick fällt auf den Brauch, daß wir unseren Freunden zur Begrüßung die Hand reichen. Wir geben die Hand auch zur Bekräftigung eines Versprechens oder einer Versöhnung. Was bedeutet diese uralte Geste?

Sie ist ein Vertrauensbeweis. Die Hand ist das wichtige natürliche Werkzeug meiner Freiheit und meiner Fähigkeiten. Daraus kann Handwerk werden. Die Hand ist auch natürliche Waffe zu meinem Schutz. Wer mir Gewalt antun will, fesselt zuerst meine Hände.

„Dem Mitmenschen die Hand geben“ heißt, auf diese Waffe verzichten, heißt, die Freiheit der eigenen Verfügung für diese Begegnung einschränken, heißt, im andern so viel Ebenbürtigkeit und Wohlverhalten voraussetzen,

daß ich mit meiner Hand mich selbst in seine Hand gebe. Ich gebe die Hand, mit der ich sonst für mich sorge, mit der ich mich notfalls wehren kann.
So wird das Reichen der Hand ein Lebenszeichen des Guten im Menschen, das die vielen Enttäuschungen und Rückschläge überlebt hat, eine Geste der Hoffnung, eine Besiegelung des Friedens.
Daß wir aber aus unserer mißtrauischen Reserve herausgehen und unter den Menschen Freunde finden, denen man gern die Hand gibt, das hängt zuletzt mit unserem christlichen Glauben zusammen. Das Evangelium Christi gibt uns den Mut dazu.
Denn wenn der Mensch ein Geschöpf Gottes ist, das nichts Sinnloses tut, und wenn sich der Erlöser so sehr seiner angenommen hat, daß er ihm die Hand zur Rettung reichte, dann müssen unsere Mängel heilbar sein, dann haben unsere schlechten Erfahrungen, so real sie auch sind, nicht das letzte Wort. Dann kann der Krieg aller gegen alle, der immer wieder aus unseren bösen Neigungen losbricht, auch immer wieder gezähmt werden.
Aus der tieferen Sicht und aus der größeren Kraft, die uns als Gnaden Gottes geschenkt wurden, kommt die alte Symbolik des Händereichens wieder zu ihrem Recht. Nicht nur die Biologie, sondern vor allem die Taufe macht uns zu Brüdern und Schwestern, die sich ohne Furcht Gutes zutrauen und einander zum Zeichen dafür die Hand geben.
Ist darin nicht auch ein Abglanz der heilenden Kraft, die von Jesus ausging, als er einen Blinden (Mk 8,23), die Schwiegermutter des Petrus (Mk 1,31), die Tochter des Jairus (Mt 9,25) und den im Wasser versinkenden Petrus bei der Hand nahm und rettete (Mt 14,31)?

Blumen schenken

Was wir heute tun werden, wird zum Teil ohne viel Nachdenken ablaufen, etwa das Frühstück. Anderes wird mehr Aufmerksamkeit fordern, wie der Straßenverkehr und die Arbeit. Schließlich wird auch manches geschehen, dem wir eine tiefere Bedeutung geben.
Vom Sinn des Händereichens haben wir im vorigen Kapitel gesprochen. Nun betrachten wir den Brauch, Blumen zu schenken. Wer in der Stadt leben muß, wird ihn doppelt schätzen. Ja, es ist ein schöner Brauch, einem Mitmenschen, der krank ist oder der einen Festtag feiert, den man besucht oder den man liebhat, Blumen zu bringen. Darüber hinaus auch ein tiefsinniges Geschenk, wie wir gleich sehen werden.
Zunächst haben diese bunten Blumen in unserer Hand einen Sinn, den jeder versteht: Wir wollen mit ihrer Schönheit Freude machen. Der Wert einer solchen Gabe liegt nicht in ihrer Menge oder ihrem Nutzen. Sie hat einen ästhetischen Wert und spricht das Gemüt an. Sie soll gefallen und unser Wohlwollen ausdrücken.
Wir schenken, was die Natur uns zuvor geschenkt hat. Nichts Gemachtes, sondern Gewachsenes, das in der Feinheit seiner Form, seiner Farbe und seines Duftes einen willkommenen Ausgleich zum grauen Alltag bietet. Ein Gebilde des Lebens mitten in der toten Welt der Sachen und Apparate. Wer noch nicht verwöhnt und blasiert ist, wird es so empfinden, auch wenn die Gabe bescheiden ist. Ihre Symbolik ist wichtiger als ihr Umfang. Das führt uns zu einem weiteren Gedanken. Eine blühende Blume ist eben deshalb so kostbar, weil sie so zart und verletzlich ist. Übersteht sie äußere Schäden, muß sie

doch mit der Zeit welken. Sie ist ein vorübergehendes Glück, ein Symbol der Gefährdung des Besten in der Welt der Vergänglichkeit.
Lieben wir die Blumen nicht gerade deshalb so gerührt, weil sie ihre kurze Zeit so wunderbar ausfüllen? Sie wachsen auf und welken, und dazwischen blühen sie für uns, die ja auch kommen und gehen. Sie sind wie Engel, die Botschaft bringen aus einer Welt, die hinter dieser unvollkommenen Welt liegt, aus der sie sich ihre Schönheit borgen. Unsere Rührung bei ihrem Anblick ist eigentlich eine Art Heimweh nach dem Vollkommenen, das in diesen stummen, zarten Wesen aufleuchtet.
Das Häßliche, dem wir hier oft genug begegnen, soll nicht das letzte Wort haben. Als Christen wissen wir, daß es nicht zum Wesen der Schöpfung gehört. Aus mißbrauchter Freiheit geboren, verunstaltet es die Welt, bis sie entsühnt heimkehren darf zu ihrem reinen Ursprung in Gott. Wir wissen, daß wir für den Himmel geschaffen sind, in dem unser Wesen erst voll und ganz erblühen wird.
Aus der dunklen Erde steigt die helle Blume und beschenkt uns mit ihrer Schönheit. Sie darf es für die kurze Zeit, die sie uns als Symbol gegeben ist. Wir sollen eine innere Verwandtschaft spüren, sollen das, was dort unbewußt geschieht, in unserem Bewußtsein nachvollziehen. Wer mit wachem Herzen Blumen gibt und nimmt, gibt und nimmt mit der Schönheit und Freude zugleich *ein Zeichen der Hoffnung*. Der Gedanke an das Paradies ist keine Verirrung des menschlichen Geistes, sondern eine göttliche Inspiration.

Oben und unten

Wir versuchen die tiefere Bedeutung unseres täglichen Tuns und Redens an einigen Beispielen zu zeigen. Nicht nur der religiöse Bereich kennt Symbolik, sondern auch der Alltag. Und meist führt uns ihr Sinn zuletzt zur Religion zurück.

So ist es beim oft gebrauchten Wortpaar „oben – unten". Die Bedeutung dieser Worte ist weit über die ursprünglich räumliche hinausgewachsen. Sie haben einen qualitativen Sinn bekommen. Wer nach oben strebt und steigt, erwartet Licht und Freiheit, wer nach unten sinkt, fürchtet Dunkel und Bedrückung. Der Hoffende wagt einen Aufblick, der Beschämte muß den Blick senken. Zur Ermutigung sagt man „Kopf hoch!", wem es besser geht, mit dem geht es aufwärts. Glück ist Aufstieg, Unglück Untergang. Der Neid sagt „Die dort oben" und „Wir hier unten". Mag diese Redeweise auch von den Erfahrungen der materiellen Höhen und Tiefen ihren Ausgang genommen haben, vom Gipfelglück der Berge oder von den unheimlichen Tiefen des Meeres, es steckt doch mehr dahinter. Das Wort „oben" sammelt die Urerfahrungen einer Wirklichkeit, die uns in jeder, nicht nur räumlicher Beziehung überlegen ist. Immer schon leben wir unter einem Himmel, zu dem wir aufschauen und von dem wir erwarten, was unten nicht zu haben ist. Dort oben ist das Firmament, das uns die Pracht des nächtlichen Sternenhimmels schenkt, aus dem Sonnenschein und Regen herabkommen, das uns gelegentlich mit Stürmen und Gewittern schreckt. Immer läuft bei diesen Erfahrungen die Ahnung mit, diese Sphären seien nicht leer, diese Mächte nicht anonym.

Im Innern des Menschen wiederholt sich das: Tugend zieht nach oben, Laster ziehen nach unten. Der gute Mensch hat Sinn für „Höheres“ und strebt nach Höherem. Die höhere Bildung, Position, Leistung gilt als die bessere. Inspiration und Fügungen erwarten wir von oben, nach oben steigen Klagen, Bitten, Hoffnungen, Ängste. Unsere Sprache weiß, daß sie symbolisch ist: Das Oben ist nicht der Weltraum, sondern eine neue, geheimnisvolle Dimension des Lebens. In dieser Richtung liegen unsere Ideale, das schlechthin Gute, Schöne und Vollkommene. Dort ist die höhere Macht und Weisheit, die Lösung der Rätsel, die Tröstung der Leiden, die Aufhebung der Grenzen, mit einem Wort: Himmel.
Für diese Tatsachen unserer Sprech- und Denkgewohnheit öffnet uns der Gottesglaube das Verständnis. Die geheimnisvolle Wirklichkeit über uns hat einen Namen: Gott. Er ist im Symbol des Oben verborgen. Er ist der Inbegriff der höheren Werte. Seine Hoheit ist jenseits unseres Zugriffs, unverfügbar von unten. Er schenkt sich nur dem Aufblick der Ehrfurcht, der Bitte, der Geduld. Wenn dieses Oben sich nach unten mitteilt, kann das nur Liebe sein.
Genau dies ist der Kern der christlichen Frohbotschaft. In unfaßbarer Neigung hat Gott sich unser angenommen, ist selber einer der unsern geworden, um alles mit uns zu teilen, was „unten“ ist (außer der Sünde), und dann alles das mit sich zu nehmen in seinen Aufstieg zum Vater im Himmel. Es ist fortan nicht mehr sinnlos, nach oben zu streben und vom Höheren zu sprechen. Die Taufe hat uns für diese Dimension nicht nur einen Hinweis, sondern auch einen ersten Anteil gegeben.

Symbol des Herzens

Wir sind uns darüber einig, daß es zu viele Egoisten gibt. Das sagen sogar die Egoisten, weil sie die andern meinen. Es gab sie allerdings immer, aber mit den Mitteln unserer Zeit können sie mehr Schaden stiften. Die kühlen Rechner und die brutalen Draufgänger setzen sich durch. Rücksichtslosigkeit zeichnet ihre häßlichen Züge in das Gesicht der Zeit und zerstört den Frieden bis in die Familien hinein.
Dieselben Leute beenden ihre Briefe „mit herzlichen Grüßen", „mit herzlichem Dank", „mit herzlichen Wünschen" und machen damit einen schönen Brauch zur Phrase. Ein Anlaß, uns auf diesen Brauch und das Symbol des Herzens zu besinnen.
Zu leicht kommen uns die Worte *Herz* und *herzlich* über die Lippen und aufs Papier. Gewohnheit hat ihnen viel von ihrer Bedeutung genommen, so daß auch durchaus herzlose Menschen davon Gebrauch machen können. So wird unsere Herzlichkeit zur gesellschaftlichen Floskel. Zum Ersatz wird ihr der Spielplatz des sentimentalen Schlagers zugewiesen.
Unser Sprachgebrauch vom Herzen hat tiefe, alte Wurzeln. Wir haben ein *Ursymbol* vor uns. Noch vor genaueren Kenntnissen der menschlichen Anatomie war bekannt, daß Anstrengungen und Gemütsbewegungen Herzklopfen erregen und daß der Herzschlag mit dem Blut Leben und Wärme in den ganzen Körper bringt. Schon in der Antike sieht man im Herzen den Sitz des Gesamtwohlbefindens, der Gesamtentscheidungen, im Gegensatz zum Kopf als dem Sitz des Denkens und zu den Gliedern als Sitz der Geschicklichkeit. Die Neuzeit

hat dem nur noch den besonderen Gemütsakzent hinzugefügt.
Was wir also „von ganzem Herzen“ tun, sollte auch mehr ausdrücken als die Beteiligung unseres Verstandes oder einzelner Fähigkeiten. Der ganze Mensch ist hier mit Leben und Wärme tätig. Dazu gehören Wissen und Wollen, Gesinnung und Gefühl.
Wo mein Gegenüber nicht in Waren, Maschinen oder Akten besteht, wo vielmehr ein Mensch einen Menschen braucht, dort ist mein Herz berufen, meinem Tun Mitgefühl und Wärme zu geben. Ein freundlicher, hilfsbereiter Mensch kann mit seiner Herzlichkeit manchen Gefangenen der Bürokratie und Technik erlösen.
Jetzt werden wir auch verstehen, daß sich die Sorge Christi um unser Heil, seine Aufopferung für uns im Symbol des Herzens so treffend ausdrücken läßt. Gott meint es gut mit uns, allem gegenteiligen Anschein zum Trotz, und sagt uns das durch seinen Sohn, der Mensch wird, also ein menschlich fühlendes Herz annimmt, um uns ganz nahe zu kommen.
Unsere Frömmigkeit, die Nachfolge Christi, kann daher nicht bloß in einer gesetzlichen Regelung unseres äußeren Verhaltens bestehen, sondern sollte darüber hinaus auf die Herzlichkeit des Erlösers mit der Ergriffenheit des eigenen Herzens antworten. In ganz neue Menschen verwandelt uns diese Herzensfrömmigkeit, weil sie alles Tun, das religiöse und in der Folge auch das alltägliche Tun, zu einem Ausdruck der Liebe macht. Sinnvoller und glücklicher kann man nicht leben.

Der Ehering

Zum Abschluß dieses Kapitels wenden wir uns einem sehr schönen Symbol zu: dem Ehering. Er ist das Sinnbild der gegenseitigen Zugehörigkeit und Treue.
Seit wann trägt man Ringe? Der Brauch ist so alt wie die bekannte Kulturgeschichte. Man trug Ringe aus kostbarem Material, meist aus Gold, oft mit Edelsteinen verziert, als magischen Schutz, als Siegel, als Schmuck. Ein Ringtausch bei der Hochzeit ist schon im christlichen Altertum bekannt.
Fassen wir das Symbol noch etwas näher ins Auge. Ein Ring ist ein Kreisgebilde. Dem Kreis wird in den Naturreligionen die Kraft zugeschrieben, einen Schutzraum zu umschreiben, in den man überirdische Mächte hineinbannen kann. Wenn wir diese magischen Erwartungen auch nicht teilen können, weil wir zu einem würdigeren Gottesbegriff gelangt sind, so sehen wir doch mit allen Menschen im Ring ein Sinnbild der Geborgenheit. So ist man etwa im Schutz eines Ringwalls, einer Ringmauer höchst wirksam geborgen.
Der Ehering umschließt zwar nur meinen Finger, aber gemeint bin ich selbst. An mir wird sich nach der Hochzeit das Symbol einer umfriedeten Heimat erfüllen.
Noch etwas gilt es zu bedenken, denn das Ideal wird leider nicht immer erreicht: Der Kreis, der schützt, begrenzt auch. Das einzusehen, erfordert eine gewisse Reife. Die eheliche Zugehörigkeit der Gatten ist ein Glück, das auf einer freien Entscheidung beruht, einer schicksalshaften Wahl. Ich ziehe um mich und meinen Partner den Kreis, der unsere Liebe und Hingabe sichert. Es liegt in der Natur der echten Liebe, daß sie Beständigkeit will. Sie fühlt

sehr wohl die Verantwortung für einen Menschen, den man einmal so gänzlich und so innig an sich gezogen hat. Im Namen der Freiheit den im Ring versinnbildeten Kreis sprengen heißt, den Boden unter den Füßen verlieren. Denn es ist unmöglich, sein Glück im Grenzenlosen zu finden. Liebe hat nicht zufällig oder unter Druck zur Ehe gefunden, sondern weiß, daß Treue die Voraussetzung der Geborgenheit ist, die jeder Mensch braucht. Schrankenlose, rücksichtslose Selbstentfaltung ist nur auf den ersten Blick begehrenswert, bis man den teuren Preis sieht, den man dafür bezahlt: Gesundheit, Frieden und Selbstachtung.

Der kreisrunde Ring hält mich zusammen, hält uns zusammen. *Er lehrt mich den Segen der Zusammenfassung meiner ganzen Person zu der einen, gemeinsamen Aufgabe meines Lebens.* Er lehrt mich das Wort Liebe in echte Wirklichkeit übersetzen, die immer etwas klar Umrissenes, Eindeutiges und Festes ist.

Wann werden wir in unserer Willkürzeit wieder mehr Verständnis finden für den im Ehering symbolisierten Ernst der Ehe? Statt von einem verschwommenen Paradies ohne Grenzen zu träumen und Befreiungsphrasen zum besten zu geben, sollten wir den Mut haben, die Bewährungsprobe anzunehmen, die allein zum Paradies führen kann, nämlich hier zu einem guten Gewissen und dort, wo Gott einst den Menschen vollendet, zur glücklichen Gemeinschaft aller Erlösten.

Mit Angelus Silesius

Gott, unser „natürliches Element“

Wir wollen einen schlesischen Barockdichter, der auch Arzt und Priester war, einladen, uns mit einigen seiner Sinnsprüche zu begleiten.
Es ist Johann Scheffler, genannt Angelus Silesius, dessen Buch „Cherubinischer Wandersmann“ erstmals 1657 erschien. Mit knappen, bildstarken und treffsicheren Versen führt er uns in eine Frömmigkeit echter innerlicher Gottverbundenheit. Er ist davon durchdrungen wie nur je ein Mystiker, überfordert uns aber nicht. Was er verlangt, kann jeder täglich tun. Denn so klar er die Richtung weist, so wenig treibt und drückt er uns. Es liegt etwas Fröhliches und Verlockendes in seinen Anrufen an unser Gewissen. Hören wir den ersten Vers:
„Der Vogel in der Luft, der Stein ruht auf dem Land.
Im Wasser lebt der Fisch, mein Geist in Gottes Hand.“
Mit diesen Vergleichen soll uns klarwerden, *wiesehr Gott unser ganzes Leben trägt.* Zuerst hat es den Anschein, daß uns die Mächte der Umwelt tragen. Als Natur ist diese Umwelt greifbar und verläßlich, wenn auch hart und kalt. Als Umwelt der Mitmenschen zwar weniger verläßlich, gelegentlich sogar feindlich, aber doch auch beglückend. Unsere Existenz, so sagt man, soll sich aufbauen auf guten biologischen, wirtschaftlichen und sozialen Lebensbedingungen. Dabei vergißt man leicht, daß wir beim Legen des Fundaments eigentlich tiefer gehen müßten, besonders wenn wir den Angriffen gewachsen sein wollen, die früher oder später an unserer oberflächlichen Selbstsicherheit rütteln werden.
Erst wenn wir begreifen, daß zuletzt die alles umfassende Wirklichkeit Gottes der Urgrund unseres Lebens ist,

kommt die wahre Lebensfreude in unser Herz. Angelus Silesius vergleicht diese Geborgenheit in Gott mit der Geborgenheit des Vogels in der Luft, des Fisches im Wasser und des Steins im Boden. Demnach müßte sie uns wie das Natürlichste von der Welt vorkommen. Weit sind wir davon entfernt! Der tiefe Untergrund ist unsichtbar, und das Unsichtbare hat wenig Stellenwert in unseren Kalkulationen.

Aber es ist wahr: Der Mensch hat die Wurzeln seines Daseins im verborgenen, nicht nur verborgen wie die Wurzeln eines Baumes in dunkler Erde, auch nicht nur verborgen im Geheimnis des Lebensanfangs im Mutterschoß. Die Kette der Ursachen, an der wir hängen, hängt ihrerseits an einem freien Ja Gottes zur Welt und zu mir. Ich habe es nicht gehört, aber seine Wirkung spricht zu mir: *Wollte er mich nicht, wäre ich nicht.*

Eingehüllt in dieses Ja wie in einen schützenden Mantel, nehme ich mein Leben mit Vertrauen an. Die Weisheit und das Erbarmen Gottes umgeben mich, wie die Erde umgeben ist von einer lebensfreundlichen Atmosphäre. Im Gottesglauben befinde ich mich wie in meinem natürlichen Element. Es ist ein wahres Glück, wenn einem das plötzlich einleuchtet.

Geben wir etwas von diesem Leuchten weiter. Menschen, die nicht mehr glauben, brauchen dies Werk der geistlichen Barmherzigkeit, damit auch sie wieder eine Heimat finden und sehen, wie recht Angelus Silesius hat, wenn er sagt:

„Der Vogel in der Luft, der Stein ruht auf dem Land.
Im Wasser lebt der Fisch, mein Geist in Gottes Hand.“

Der Vorrang des Inneren

Wir nehmen in diesen Ausführungen je einen Sinnspruch aus dem „Cherubinischen Wandersmann“ des Angelus Silesius zum geistlichen Geleit. Ich empfehle Ihnen folgenden Vers zur Betrachtung:

„Halt an! Wo läufst du hin? Der Himmel ist in dir.
Suchst du Gott anderswo, du fehlst ihn für und für.“

Der Dichter sieht uns mit der guten Absicht laufen, Gott und dem Himmel näherzukommen; aber wir laufen in die falsche Richtung. „Halt“, sagt er, „bleib stehen und laß dir zeigen, wo alle Wege, auch wenn sie durch die sichtbare Welt und Kirche führen, zuletzt ankommen müssen! Das Ziel liegt nicht draußen, sondern in deinem Inneren, wo in deinem Geist Gott wohnen will, wo wir auf die Gabe der Gotteskindschaft mit Glaube, Hoffnung und Liebe antworten sollen.“

Alles, was von draußen kommt, hat nur den Sinn, uns innerlich reicher und reifer zu machen. Im Geist des Menschen erreicht die Schöpfung ihre wahre Würde und die Erlösung ihr Ziel. Dorthin führen alle erzieherischen, kulturellen und religiösen Wege.

Statt dessen lassen wir uns von einem offenen oder versteckten Materialismus lieber zu äußerlichen, greifbaren und nutzbaren Zielen locken. Was wir damit erreichen, hat bald keine Seele mehr und macht darum auch nicht glücklich. Es gibt sogar Christen mit einer Frömmigkeit der Veräußerlichung, ohne Seele. Hier genau setzt unser Leitspruch an:

„Halt an! Wo läufst du hin? Der Himmel ist in dir.
Suchst du Gott anderswo, du fehlst ihn für und für.“

Das ist keine Absage an die Kirche und ihre Sakramente,

keine Absage an eine Gotteserfahrung in der Natur und im eigenen Schicksal. Unser Geist ist und bleibt auf seine Umwelt angewiesen, von dorther nährt er sich, dorthin drückt er sich aus. Aber er darf sich darin nicht verlieren. Denn die Dinge sind für den Menschen da, nicht der Mensch für die Dinge.

Das gilt noch mehr, seit Christus die Menschheit mit Gott versöhnt hat. Es ist kein sinnloses, vergebliches Bemühen mehr, nach Gott Ausschau zu halten und den Himmel zu suchen. Die anscheinend so verworrene, quälend dunkle Völkergeschichte darf wieder als ein Weg zum Heil verstanden werden, und jeder Mensch guten Willens darf hoffen, einmal dieses Heil in sein Herz aufnehmen zu können.

Wir wissen wohl, wie arm und schwach so ein Menschenherz ist, aber wir wissen auch, daß, wenn irgendwo, dann in einem lebendigen Menschenherzen, ein Abglanz des Himmels, ein Widerschein Gottes gefunden werden kann. Wichtiger als die Arbeit an der Zivilisierung der Außenwelt ist also die Arbeit an der Veredelung unseres Inneren.

Eine Aufgabe, die wir heute sehr vernachlässigen, weil sie technisch nicht erleichtert und statistisch nicht ausgewiesen wird. Wir verlegen unsere Ziele nach außen und verspielen doch das Erreichte wieder, weil es in die Hände von Menschen fällt, die innerlich leer sind. Ein wenig mehr Gott und Himmel in den Menschen würde alsbald auch mehr Frieden und Liebe möglich machen, mehr Lebensfreude und Selbstgewißheit. Denn Angelus Silesius hat recht, wenn er uns sagt:

„Halt an! Wo läufst du hin? Der Himmel ist in dir.
Suchst du Gott anderswo, du fehlst ihn für und für.“

Demut

Ein Wort über eine innere Grundhaltung, die unter den sittlichen Werten eine zwar bescheidene, aber unerläßliche Rolle spielt, soll Thema dieser Überlegung sein; ein Wort über die oft verkannte und vielfach belächelte Demut. Sie ist fast ganz aus der Sprache der Zeit verschwunden, leider auch aus dem Verhalten. Hören wir Angelus Silesius:
„Die Demut ist der Grund, der Deckel und der Schrein,
in dem die Tugenden stehn und beschlossen sein."
Hier haben wir ein Bild vor Augen, das unseren Ahnen noch vertraut war, das Bild einer Truhe, in der unser Kostbares und Notwendiges geborgen ist. Die Truhe nun, die unsere inneren Werte schützt, wird aus dem Holz der Demut gebaut. Denn nur *Demut garantiert den guten Zustand der anderen sittlichen Energien,* unserer Tugenden. Ohne Demut werden sie verlorengehen. Sie müssen vor der Maßlosigkeit geschützt werden, in die sie der Stolz treibt. Demut ist befreundet mit der Wahrheit. Sie sieht uns und unsere Grenzen deutlicher als der Stolz, sie ist wirklichkeitsnäher. Die Wahrheit ist nämlich, daß wir Grund zur Bescheidenheit haben, da wir aus uns selbst nicht lange am Guten festhalten.

Dies zu gestehen, ist dem Stolzen unerträglich. Wo wir unsere Neigung zum Bösen vertuschen und prahlerisch unsere Möglichkeiten und Leistungen herausstreichen, wo wir auf lächerliche Art von uns selbst eingenommen sind und wichtig tun, wo wir nur mehr fordern und nicht mehr dienen können, dort spricht man seit alters von Hochmut, dem Gegenteil der Demut.

Der Hochmut wird uns in der Literatur und im Theater

oft recht drastisch gezeigt; dort gilt es, über den Eingebildeten zu lachen und beim Untergang des Stolzen Erschütterung zu fühlen; dort wird handgreiflich, wie der Stolz alle guten Ansätze und auch großartige Werke zerstören kann.

Am wenigsten ist Stolz vor Gott am Platz. Und wie uns hochmütige Menschen zuwider sind, so mißfallen sie auch Gott. Sie werden einmal gerichtet werden, nicht von einem herrischen, eifersüchtigen, neidischen Richter, sondern von der Wahrheit selber, von der dann offenkundigen und nicht mehr vertuschbaren Wirklichkeit Gottes und des Menschen.

Wie der Stolz alles Gute in uns verdirbt, so schützt die Demut alles. Sie ist wirklich der Schrein, die Truhe, in der die Tugenden sicher sind.

Es muß freilich auch gesagt werden, daß Demut Bescheidenheit, aber nicht Kriecherei ist. Wer sich gar nichts zutraut und vor andern buckelt, der fällt auch aus der Wahrheit, nur auf der anderen Seite. Hüten wir uns vor Maßlosigkeit in beiden Richtungen!

Man soll seine Werte nicht protzig zur Schau stellen, aber auch nicht achtlos verkommen lassen. Die wahre Bescheidenheit gibt Gott die Ehre, aber nicht, um einen Grund zur Faulheit zu finden. Sie sorgt vielmehr für die innere Qualität unseres gesamten Tuns. Wie Angelus Silesius sagt:

„Die Demut ist der Grund, der Deckel und der Schrein,
in dem die Tugenden stehn und beschlossen sein.“

Wider die Eitelkeit

Ich gebe Ihnen aus dem „Cherubinischen Wandersmann" des Angelus Silesius folgenden Vers zu bedenken:
„Die Ros' ist ohn' warum. Sie blühet, weil sie blühet.
Sie acht' nicht ihrer selbst, fragt nicht, ob man sie siehet."
Wir hören aus diesen Worten einen Vorwurf heraus: Ihr Menschen könnt doch nichts tun ohne Berechnung und Eitelkeit. Euer Egoismus liegt immer auf der Lauer, ob sich euer Wert nicht in Vorteil ummünzen lasse. Ihr könnt nicht absichtslos schön sein wie die Rose, wie die milliardenfache ungesehene Schönheit der Welt. Ihr habt die Unschuld der Natur verloren. Ihr seid böse noch in euren Vorzügen.
Nun, wir könnten uns diesem Vorwurf leicht entziehen, indem wir ganz richtig darauf hinweisen, daß Rosen kein Bewußtsein, keine Wahl haben und daher jenseits von Gut und Böse blühen. Eben dies sei uns verwehrt. Wir haben Wissen und Wollen erhalten, samt der darin liegenden Verantwortung und Gefahr. Es hat keinen Sinn, uns in ein pflanzenhaftes Dasein zurückholen zu wollen.
Aber so hat es Angelus Silesius auch nicht gemeint. Er bietet uns ja nur einen Vergleich an, allerdings einen beunruhigenden. Bei jedem Vergleich sieht man in zwei an sich Unähnlichen plötzlich ein Ähnliches.
Rose und Mensch haben ein sehr verschiedenes Dasein. Aber wir könnten uns ähnlich werden in der Unschuld, das würde uns auch noch ähnlich machen in der Schönheit. *Was die Natur der Rose schenkt, das müssen wir in Freiheit erwerben.* Was der Rose gelingt, weil ihr eine Idee Gottes zum unausweichlichen Gesetz des Wachsens und Welkens wurde, das kann uns Menschen nur gelingen,

wenn wir unsere Idee Gottes erkennen, bejahen und gegen den Widerstand des Bösen verwirklichen.
Hier setzt der Appell des Dichters ein: Versuche auf deiner gefährdeten Höhe des Bewußtseins und der Freiheit etwas von der Rose zu lernen. Die Natur ist ganz mit sich eins, ist „ohn' warum". Könnten wir doch unser Leben ebenso fraglos aus Gottes Hand entgegennehmen! Wir können und sollen zwar fragen, das ist unsere geistige Natur, aber wir fragen gleich so gereizt, so mißtrauisch, so zweifelnd. Aus dem philosophischen Fragen, dem Ursprung aller Wissenschaft, wird schnell ein böses Fragen, der Ursprung des Unglaubens. Wir treiben einen Keil zwischen unser Dasein und unser Wollen, wir zerfallen mit uns selbst, der Ursprung aller weiteren Zerstörungen. Die Rose „acht' nicht ihrer selbst", heißt es weiter. Wir müssen auf uns achten. Gott hat uns den Spiegel des Gewissens eingesetzt. Aber wir mißbrauchen ihn gern zu einer dünkelhaften Selbstbespiegelung. Und wir wollen gesehen und gelobt werden, während die Rose nicht „fragt..., ob man sie siehet". Sie ist keiner Eitelkeit fähig: Ihre Schönheit ruht in sich selbst. Wir aber suchen äußere Anerkennung, weil wir innerlich unsicher sind.
Wir könnten unsere kleinlichen Nebenabsichten leichter ablegen, wenn wir daran dächten, daß wir doch alle wie die Rose und alles Schöne von Gott gesehen und geliebt werden. Nichts in der Welt blüht umsonst, und nichts fällt ins Vergessen. Hat uns nicht Jesus ähnliches von den Lilien und den Vögeln gesagt? Warum also seid ihr so ängstlich besorgt? (Vgl. Mt 6,25)

Das Kreuz als Test

Wir betrachten nun einen Sinnspruch des Angelus Silesius, dessen Wahrheit wir in dem gleichen Maß einsehen, in dem wir mehr Erfahrungen mit den Menschen machen. Ob einer einen guten Charakter hat oder nicht, sieht man ja nicht auf den ersten Blick, weder bei sich selber noch bei anderen. Aber wer möchte sich nicht besser kennen? Und oft, nicht bloß vor dem Heiraten, wüßten wir zu gern, woran wir beim Partner sind. *Wo kommt der Wert eines Menschen zum Vorschein?* Der heutige Vers nennt uns ein Erkennungszeichen, nicht das einzige, aber ein gutes:

„In Trost und Süßigkeit kennst du dich selbst nicht, Christ.
Das Kreuze zeigt dir erst, wer du im Innern bist.“

Zunächst ist zu bedenken, daß wir natürlich in allen Lebenslagen etwas von unserem Wesen zeigen, denn wir können unsere Art nie ganz verleugnen. Das scheint im Glück sogar besser zu gelingen, weil wir uns bei guter Laune unbekümmerter und offener geben. Nichts hindert uns dann, unsere Vorzüge spielen zu lassen. Eine erfreuliche Situation scheint gleich auf uns abzufärben: Wir zeigen Selbstvertrauen und gewinnen Sympathie.

Aber man kann sich bei diesem doch zu leichten Test auch täuschen. Unser Vers warnt uns: „In Trost und Süßigkeit kennst du dich selbst nicht, Christ.“ Darum empfiehlt er uns ein tiefer reichendes Kennzeichen: „Das Kreuze zeigt dir erst, wer du im Innern bist.“

Sieh dir also an, wie einer sich verhält, wenn ihm etwas gegen den Strich geht, wenn ein Leid ihn trifft. Wie trägt er sein Kreuz? Wir sehen, wie die einen schnell verzagen und den Kopf hängenlassen, wie andere ihrer zornigen

Enttäuschung Luft machen und in häßliche Vorwürfe ausbrechen. Der verletzte Stolz kommt zum Vorschein. Was wir bei den anderen schneller sehen, sollten wir aber auch bei uns selber suchen. Als welchen offenbart dich die Probe des Leids? Wirst du dich zornig dagegen stemmen und alles aufbieten, es zu beseitigen? Und wenn das nicht geht, wieviel giftige Erbitterung wird aus deinem unbeherrschten Inneren heraufsteigen? Wie bald wird Resignation oder gar Verzweiflung deine Seele lähmen?
Oder gelingt es der Herausforderung des Leids, deine seelischen Kräfte zu wecken? Ein Christ trägt seit seiner Taufe die verborgenen Energien des Glaubens, der Hoffnung und der Liebe in seiner Seele. Werden sie jetzt zum Tragen kommen? Werden wir aus dem Evangelium Christi genug gehört haben, um zu wissen, daß unser Leben nur in der Nachfolge Christi Erlösung findet und daß wir im Leid dem Erlöser ganz nahe kommen und den Segen des Kreuzes erfahren?
Dann werfen wir das Leid nicht als Anklage Gott vor die Füße, sondern legen es in die Waagschale der Entsühnung der Welt. So lernen wir die Hingabe an Gott und das Erbarmen mit allen Menschen. Während der Revolutionär das Böse in der Welt nur äußerlich umschichtet, könnten wir es innerlich überwinden. In diesem Kampf scheiden sich die Geister:
„In Trost und Süßigkeit kennst du dich selbst nicht, Christ.
Das Kreuze zeigt dir erst, wer du im Innern bist.“

Liebe

Das Evangelium und unsere tägliche Erfahrung sagen uns, daß der Weg zum Guten mühsam ist. Man kann aber auch die Erfahrung machen, daß er immer leichter wird, je mehr man die Anfangshindernisse überwunden und die richtige Einstellung gefunden hat. *Diese Einstellung, die das Schwere leicht macht, ist die Liebe.* Was Liebe meint und ob das nicht wieder schwer zu verwirklichen ist, werden wir noch sehen. Hören wir zunächst den für heute ausgewählten Vers des Angelus Silesius:

„Das Himmelreich wird leicht erobert und sein Leben.
Belagre Gott mit Lieb', er muß dir's übergeben."

In diesen Worten steckt ein uralter Vergleich: Man spricht vom Ringen des Menschen um sein Heil im Reiche Gottes wie von einem Waffengang. Unsere Ahnen haben sehr wohl gewußt, daß uns die Reife des Charakters, die Gnade Gottes und das ewige Leben nicht einfach in den Schoß fallen. So sagt der alttestamentliche Dulder Ijob: „Ist nicht Kriegsdienst des Menschen Leben auf der Erde?" (Ijob 7,1)

Aus unserem Vers hören wir aber auch die hellere Tonart des Neuen Testaments heraus: Wer von seinem Erlöser gelernt hat, Gott und den Nächsten zu lieben, der hat den Sieg schon in der Tasche. Denn dieser Krieg wird nicht mit materiellen Waffen geführt, sondern mit geistigen. Er findet im Gewissen statt, wo wir uns entschließen können, dem Bösen zu widerstehen und der Einladung der Frohen Botschaft zu folgen. Schon in der Taufe wurden uns die Hilfen innerer Seelenkräfte geschenkt, die uns alles Schwere leichter machen.

Angelus Silesius stellt die Liebe in den Vordergrund der

Betrachtung. Liebe deine Lebensaufgabe und deine Mitmenschen, liebe Gott und das Gute, das wird zu einer belebenden und beschwingenden Herzenskraft. Denken wir aber bei dem Wort *Liebe* nicht zu hoch hinauf in romantischen Überschwang und auch nicht nur hinunter in biologisch motivierte Sinnlichkeit.

Die Liebe, die den Menschen veredelt und Gottes Herz rührt, fängt schon bei den ersten Anzeichen dafür an, daß mein Wille nicht nur mich selbst und meinen Vorteil sucht, sondern sich dem Wohl des Nächsten, dem Guten und Gott ehrlich zuwendet. Schon bei den ersten Schritten in diese Richtung fühlt man sich wohler als im Gefängnis des Egoismus.

Gott selbst ließ uns sagen, daß er schon an einem Becher Wasser die Liebe erkennt, die er als sein eigenes Wesen geoffenbart hat. Mehr Heilshoffnung konnte er uns nicht schenken als in der Zusicherung, ihm allein schon durch schlichte Freundlichkeit ähnlich werden zu können. Wer das Gute liebt, liebt Gott, und wer liebevoll handelt, in dem erkennt sich Gott gerührt wieder.

So wurde uns im Ringen um Gottes Gnade, das ängstliche Gemüter oft unnötig bedrückt, durch das Evangelium ein Mittel gegeben; ein einfaches Mittel des Herzens, dem sich die Tore des Himmels wie von selbst öffnen und dem der Friede auf dem Fuße folgt.

Danken wir Angelus Silesius für seinen guten Rat:

„Das Himmelreich wird leicht erobert und sein Leben.
Belagre Gott mit Lieb', er muß dir's übergeben.“

Schweigen vor Gott

Die Worte des gemütstiefen schlesischen Dichters Angelus Silesius sollen ein Trost für solche sein, die vor Gott nicht gerne viele Worte machen, für die scheuen, vielleicht verstörten oder verwundeten Menschen, für alle, die glauben, ihr Kontakt zu Gott sei unterbrochen, weil der Gesprächsfaden abgerissen ist. Hören Sie, was Angelus Silesius dazu sagt:

„Mensch, wo du Gott um Gnad' nicht kannst mit Worten ehren,
so steh nur stumm vor ihm. Er wird dich schon erhören."

Woher weiß der Dichter das eigentlich? Ich glaube, seine Menschenkenntnis ließ ihn unter den Stummen viel mehr Fromme entdecken, als man zunächst vermutet. Seine Gabe, hinter den äußeren Schein bis ins Herz zu sehen, befähigte ihn, dem Schweigen wie dem Reden das jeweils richtige Gewicht zu geben.

Viele haben das in unserer Zeit verlernt. Wir stecken in einer wahren *Inflation der Worte*, nicht nur im geschwätzigen Fernsehen, sondern auch in geschwätzigen Gottesdiensten. Wenige finden noch die Zeit und die innere Sammlung, ihren Worten den entsprechenden seelischen Inhalt zu geben.

Wer erinnert sich da nicht an die Mahnung Jesu: „Wenn ihr betet, sollt ihr nicht plappern wie die Heiden, die meinen, sie werden nur erhört, wenn sie viele Worte machen. Macht es nicht wie sie; denn euer Vater weiß, was ihr braucht, noch ehe ihr ihn bittet" (Mt 6,7-8). Daß es trotzdem einen guten Sinn haben kann, mit Gott im Gebet zu sprechen, will Jesus damit nicht leugnen, hat er uns doch

selbst gleich nach diesen Mahnungen das Vaterunser gelehrt.
Um zu wissen, was Reden und Schweigen vor Gott wert sind, gilt es, zu unterscheiden. Es gibt ein böses Schweigen der Verstimmung, aber auch ein gutes der Ehrfurcht und des Vertrauens. Der Verstummende kann zu Gott hin- oder von ihm abgewendet sein. Es fehlen ihm das eine Mal die Worte, weil er Gott fremd geworden ist und ihm nichts mehr sagen will, das andere Mal, weil seine Sprache nicht ausreicht, das auszudrücken, was er ihm gern sagen möchte.
Wenn wir still sind und doch hoffen, von Gott gehört zu werden, dann deshalb, weil wir hoffen, daß unser Herz mehr taugt als unser Reden. Und es taugt mehr, wenn es zugibt, daß Gottes Werke notwendiger und sicherer sind als alles, was wir fertigbringen.
Der Sonntag ist der Tag, an dem wir vor Gott erscheinen, um ihm die Ehre zu geben. Jedes ehrliche Wort des Dankes, des Lobes, der Bitte, das wir mit unseren Gaben zum Altar bringen, um es mit dem Gebet und Opfer Christi zu verbinden, wird unser Vater im Himmel annehmen. Damit es aber ehrlich sein kann, muß es aus dem Herzen kommen. In Demut und Schweigen bereitet sich der Mensch am besten vor, mit Gott zu reden und Gottes Antwort zu hören.
Wann es soweit ist, weiß Gott allein. Er beurteilt unser Reden und Schweigen liebevoller als unsere Nachbarn. Fest überzeugt von der Güte und Geduld Gottes hat Angelus Silesius darum gesagt:
„Mensch, wo du Gott um Gnad' nicht kannst mit Worten ehren,
so steh nur stumm vor ihm. Er wird dich schon erhören."

Unsere Sonntage

Am Ende einer Woche

Man sollte meinen, wir ließen uns gern aus unseren Werktagen herausführen. Aber viele haben es schon verlernt, sich innerlich und äußerlich auf den Sonntag umzustellen. Sie lassen Stunden, Tage, Wochen wie eine Spule ablaufen, immer den gleichen Faden. Sie sind nicht glücklich dabei, aber sie wissen noch nicht warum. Materialismus ist öde, aber viele brauchen lang, bis sie es merken. Wir nehmen wohl die besseren Kleider aus dem Schrank, hängen sie aber um den alten Menschen. Das vor der Langeweile und der Ermüdung rettende Angebot, selbst ein anderer zu werden und so anderes zu erleben, Neues zu denken, Höheres zu suchen, dieses Angebot des Sonntags findet wenig Verständnis.
Wir schimpfen gern auf das graue Einerlei des technisch durchorganisierten Lebens, aber wir bleiben doch gern in seiner Bequemlichkeit sitzen. Die eingeschläferte Seele erwacht auch sonntags nicht mehr. Da ist zwar etwas weniger Mühe, Staub und Lärm, aber im Grunde der gleiche Lebensstil: seelenlos in der Arbeit, seelenlos im Vergnügen.
Wer den Werktag nicht hinter sich lassen kann, bleibt eben immer derselbe Renner und Rechner, kennt nur, was er gerade in den Händen oder im Magen hat, läuft im Arbeitskittel seiner Pläne und Sorgen herum, wird stumpf für alles, was sich nicht in Metern oder Geld ausdrücken läßt.
Aus dieser Gefangenschaft des Werktags wird man nur frei, wenn man *dem Sonntag einen eigenen Inhalt und Sinn* gibt, oder besser: wenn man ihm den Sinn läßt, den er schon lange hat, nämlich ein *Tag des Herrn* zu sein. Also

ein Tag, an dem sich der Mensch seiner Verbundenheit mit Gott bewußt wird und damit seiner eigentlichen Würde und Freiheit, der Freude und Schönheit des erlösten Lebens, der Kraft und Tröstung über allen Rätseln und Schmerzen.
Sich's am Sonntag gemütlich machen oder Natur, Sport, Kunst, Freundschaft pflegen, ist gut. Aber wenn für alles die tragende Mitte fehlt, die sonntäglich erneuerte Geborgenheit in Gott, dann hat nichts eine rechte Heilkraft. Die Wurzel unserer Alltagserschöpfung, unserer Werktagsmüdigkeit, unserer Lebensleere ist ja noch nicht erfaßt. Wir bleiben gelangweilt und unruhig, wir gehen einander auf die Nerven, solange wir nicht die erste und edelste Pflicht eines Menschen erfüllt haben: Gott über uns zu erkennen und anzuerkennen.
Keiner wird je das Urbedürfnis nach Frömmigkeit beseitigen, so viele es auch aus ihrem Bewußtsein zu verdrängen suchen. Lassen wir uns also sagen: Der entscheidende Übergang zum Sonntag ist der Übergang von einem Leben in der Gottesferne zu einem Leben in Gottes Nähe. Diese Nähe ist es zuletzt und eigentlich, die den Werktag in uns überwindet.

Ein schöner Tag

Ein schöner Tag ist es wert, daß man ihm bewußt entgegengeht und ihn genauer ins Auge faßt. Jeder Sonntag könnte ein solcher Tag sein, wenn wir uns nur Zeit nehmen wollten, mit ein paar Überlegungen Abstand vom Alltag zu nehmen.

Daß es so etwas wie einen Sonntag gibt, ist noch nie so notwendig, so wohltuend gewesen wie in unserer technischen Welt. Es besteht ein *Zusammenhang zwischen Sonntag und Menschenwürde,* ein Zusammenhang, den wir in dem Maß begreifen, in dem wir unsere Kultur bedroht sehen.

Was wir eine Woche lang treiben (in Arbeit und Freizeit), ist in den meisten Fällen nicht nur anstrengend (das darf es sein), sondern einseitige Last, unter der wir nicht mehr gerade gehen, gerade wachsen können. Das Leben in der Maschinerie entzieht uns viel seelische Kraft. Es spielt sich heute so viel und so vielerlei an der Oberfläche ab, daß wir innerlich nicht mehr mitkommen. Das äußere Funktionieren nimmt uns ganz in Anspruch, bis wir plötzlich ratlos vor dem Nicht-mehr-Funktionieren stehen.

Es ist alles so eng kalkuliert und organisiert, daß die eigene Initiative verkümmert. Bei manchen Berufen *sollen* wir gar nicht mehr denken und fühlen. Wir *können* das auch kaum mehr, wenn wir die Unruhe und die Schnelligkeit des modernen Tagesablaufs in Betracht ziehen. Und schließlich *wollen* wir nicht mehr denken und fühlen, weil die Reizüberflutung uns müde gemacht hat.

Am Ende einer Woche hat man dann den Eindruck, trotz gewisser Leistungen seine menschlichen Möglichkeiten nicht befriedigend ausgeschöpft zu haben. Halbe Menschen sind wir geblieben, hungrig nach den verlorenen Werten der Geistes- und Herzensbildung. Hungrig also, so möchte man meinen, nach dem Sonntag als dem natürlichen, heilenden Ausgleich für eine zu materialistische Woche.

Was wir brauchen, um Distanz zur Werktagswelt zu finden, ist nicht nur die Arbeitspause und die körperliche Erholung. Der halbe Mensch soll vielmehr wieder ein ganzer Mensch werden. Die halbe Wirklichkeit, die er aus der engen Perspektive der Fabrik und des Büros, der Geschäfte und der Straßen, der Zeitung und des Bildschirms bezogen hat, soll aufgefüllt werden zur ganzen Wirklichkeit. Diese erstreckt sich in stillen, großen Dimensionen viel weiter, als wir zuerst meinen.

Zur ganzen Wirklichkeit des Menschseins gehört auch seine Beziehung zu Gott und gehören Tage, die ihn daran erinnern. Eine religiöse Vertiefung unserer Pflichten und Hoffnungen, ein von Gott gegebener guter Zusammenhang von Ursprung und Ziel des Lebens, eine innere Gewissens- und Glaubenswelt macht erst unser Tun in Familie, Beruf, Geselligkeit, Kultur glücklich und krisenfest. Indem der Sonntag uns zur Pflege der Gottesfreundschaft einlädt, bietet er uns die seelischen Werte an, die wir am Ende einer Woche wahrhaftig brauchen.

Es fehlt uns tatsächlich keiner sosehr wie Gott. Er ist der natürliche Lebenspartner des erlösten Menschen. Er sollte in unserem Geist, in der Mitte unseres Denkens und Fühlens der liebste Gast sein. Von ihm her sieht sich alles ganz anders an, gewinnt alles neuen Wert. Mit ihm zusammen beginnt ein anderes, ein neues Leben. Und ist dieses Leben krank geworden, kann er es heilen bis in Tiefen, in die kein Arzt reicht, bis in den innersten Lebensmut und bis ins ewige, endgültige Heil.

Ein Tag der Begegnung

Der Sonntag ist ein bevorzugter Tag menschlicher, persönlicher Begegnung, ein Tag, an dem wir zweckfrei mit anderen Menschen zusammenkommen.

Werktags sind zwar auch Menschen um uns, meist sogar mehr als am Sonntag, aber die Beziehungen unter uns sind andere, weniger tiefgehende. Rein sachliche Notwendigkeiten führen uns zusammen im Geschäft, im Amt, in der Bahn. Sehen wir einander beim Essen, plaudern wir in der freien Zeit oder sitzen wir beim Fernsehen, wir finden doch nur kurze oder oberflächliche Kontakte. Die längste Zeit, und das muß wohl auch so sein, laufen wir aneinander vorbei.

Der Sonntag erst gibt die Möglichkeit (denn auch ein freier Samstag bleibt ein Werktag), daß *Menschen sich als Menschen begegnen.* Wir haben Zeit, uns zu besuchen, uns länger zu sehen, uns anzuhören, Gemeinsames zu unternehmen. Das Persönliche, nicht das Geschäftliche steht da im Vordergrund. Darum haben die Familie, die Freundschaft, die Kirche am meisten vom Sonntag. Darum kann er auch Gottes Tag sein.

Lenken wir unsere Aufmerksamkeit in diese Richtung, damit wir nicht an unseren besten Möglichkeiten und Fähigkeiten vorüberleben! Mit Maschinen umzugehen lernen wir schneller als den Umgang mit Menschen. Das Interesse am technisch richtigen Verhalten überwiegt bei weitem das Interesse an der Ausbildung eines persönlich richtigen Verhaltens, also gerade jener Züge, die den Wert und den Reiz eines Menschen bilden. Sie sind es, die unser Zusammenleben zu einem dauernden Glück machen können.

Mancher fürchtet den Sonntag, weil an ihm *nach dem Fortfall des äußeren Betriebs die innere Leere zum Vorschein kommt.* Aus zwei oder mehr Nullen ist eben keine lohnende Summe zu bilden. Wir sind ungeübt in der Kunst, sowohl selbst im vollen Sinn Mensch zu sein als auch im andern den Menschen zu sehen und zu fördern. Die vielen Zweckverbindungen, die wir eingehen müssen, lenken uns ab von der Pflege der Brüderlichkeit und Schwesterlichkeit, in der das Einmalige einer Persönlichkeit ebenso zum Wachstum wie zur Zucht geführt wird. An den Sonntagen wird offenbar, wie viele persönliche Werte unserer Zeit verloren gingen oder zumindest brachliegen. An den Sonntagen also sollte auch die Heilung dieser Schäden versucht werden. Es genügt dazu nicht, eine halbe Stunde dem Kirchenbesuch zu widmen, obwohl schon dieses Minimum uns guttut. Denn wer sich fragt, wie er Gott gefalle, kommt wie von selbst zu der Frage, wie er seiner Umgebung gefalle, ob sie nicht Grund habe, ihn für einen unerträglichen, ungebildeten, unsympathischen Egoisten zu halten. Gewissenserforschung vor Gott war immer die beste Voraussetzung für ein glückliches Miteinander. Die Augen, die nach innen und ins Ewige zu sehen gelernt haben, sehen auch den anderen Menschen mit größerer Ehrfurcht und mit barmherzigem Wohlwollen.

Sonntage sind dazu da, einander freundlich, fröhlich und festlich zu begegnen, Mißverständnisse auszuräumen, Streitigkeiten zu schlichten, uns auszusprechen und gemeinsam zu tun, was zweckfrei schön und wohltuend ist. Ein beruflicher Erfolg mag Höhepunkt einer Arbeitswoche sein. Der Sonntag ist anspruchsvoller: Er verlangt und belohnt den ganzen Menschen.

Ein Tag der Besinnung

Jedem Sonntag sollten wir eine Zeit der Besinnung schenken, bevor uns der Werktag wieder ins Joch der Pflichten spannt. Es ist nicht gut, seelisch nur so von der Hand in den Mund zu leben. Denn kommen eines Tages unvorhergesehene Belastungen und Verwirrungen, dann fehlen uns die Ideen und die Kräfte. Wir werden unsicher und verlieren den Mut.

Ist der nicht ein armer Mensch, der die Selbstbesinnung ganz verlernt hat? Er stolpert in seinem Leben nur von einem Loch ins andere. Er kennt sich nicht, sieht nichts voraus, erfaßt keine Zusammenhänge, kann nichts aufbauen. Heute trifft er es gut und lacht. Morgen geht es ihm schlecht, und er schimpft. Und so treibt es ihn hin und her, bis er zu alt und bequem ist, um noch etwas aus seinem Leben zu machen.

Wäre es ihm nicht besser gegangen, wenn er die Führung nicht so früh aus der Hand gegeben hätte? Wenn er sich in jungen Jahren nicht so vom rasanten Betrieb hätte mitreißen lassen, daß er alle Besinnung verlor?

Es lohnt sich wirklich, *zu denken, bevor man handelt.* Wer seine innere Einstellung und seine äußere Position rechtzeitig prüft, kann Fehler vermeiden. Ich meine hier nicht nur Fehler in der Lebenstechnik, sondern vor allem auch innere Mängel: Unordnung in meinen Gedanken, Gefühlen und Bestrebungen.

Charakterliche Verwilderung kostet mich nichts Geringeres als den Verlust der Achtung vor mir selbst, der Sympathie meiner Mitmenschen und der Gnade Gottes. Eine Zeitlang mag man sich darüber hinwegsetzen. Aber dann wird man die schmerzliche Erfahrung machen, daß solche

inneren Verluste mit keinem äußeren Gewinn aufgewogen werden können.
Jetzt nur nicht daran denken, ist bequem, aber auch dumm. Der Weg der Gottvergessenheit, der am Anfang so leicht ist, wird später immer schwerer, ja eines Tages so ungangbar, daß man gezwungen ist, umzukehren und sich mühsam den Weg zu suchen, den man bei einigem Nachdenken wahrscheinlich früher gefunden hätte. Nicht umsonst rät die Kirche zur Gewissenserforschung. Wir sollen nicht im unklaren bleiben. Verblendung ist menschenunwürdig. Unerkannte Gefahren sind schlimmer als erkannte.
Nehmen wir es also dem sonntäglichen Prediger nicht übel, daß er uns zur Selbstbesinnung ruft. Gähnen wir nicht gelangweilt, wenn wir nachdenkliche Sachen zu hören bekommen. Er hat sie nicht erfunden. Er spricht sie nur aus, bevor das Leben selbst sie mit Tränen und Blut in das Buch der Erfahrung einträgt.
Noch ist es Zeit, sich umzusehen und Gottes leise Stimme zu hören, der uns hilft, zwischen Gut und Böse zu unterscheiden. Noch ist es in unserer Hand, was aus den Tagen werden soll, die diesem Sonntag folgen.

Ein „Tag des Herrn“

Der Sonntag hat einen alten christlichen Namen, der bis in die Urkirche zurückreicht: „Tag des Herrn“ (Offb 1,10). Es war die Auferstehung Jesu, die diesen Tag aus dem jüdischen und dem römischen Kalender heraushob, ausgezeichnet zunächst durch die Feier der Eucharistie, dann auch (seit Konstantin im Jahre 321) durch Arbeitsruhe.

In der Neuzeit hat die religiöse Bedeutung des Sonntags sehr gelitten. Nicht nur die Arbeitswoche, auch das moderne *Wochenende* schiebt Religion ganz an den Rand des Bewußtseins, wo sie sich allmählich verliert.

Wir können diese Entwicklung nicht einfach hinnehmen, denn sie führt in die seelische Verarmung, von der Jesus sagte: „Was nützt es einem Menschen, wenn er die ganze Welt gewinnt, dabei aber sein Leben einbüßt?“ (Mt 16,26) – Das Evangelium versteht unter diesem Leben mehr als unsere biologische oder ökonomische Existenz. Es geht dabei vielmehr um ein Ganzes, das so viel Seele einschließt, daß man jahrhundertelang nicht zu Unrecht in diesem Zusammenhang vom Verlust bzw. von der Rettung der Seele sprach.

Ein Mensch erweist seine Würde am deutlichsten in seiner Befähigung zu einem *bewußten Leben mit Gott,* seinem Schöpfer und Erlöser. Jede Wendung des Schicksals kann diese Befähigung aufwecken; ein Tag der Woche, ein „Tag des Herrn“, sollte sie wachhalten.

Wir haben Verstand genug, um nach Gott fragen zu können, und auch genug, um eine Antwort zu finden. Unsere Kultur ist alt genug, um uns aus der Hilflosigkeit des einzelnen zur Teilnahme an der geistigen Arbeit der vielen

vor uns zu führen. So geheimnisvoll das Wesen Gottes auch ist, fremd muß es uns nicht sein.
Eine Urwirklichkeit hinter aller hiesigen Wirklichkeit hat sich unabweisbar dem Denken der Menschheit eingeprägt, hat sich sogar in der Geschichte der Menschheit als Mithandelnder geoffenbart. Der absolute Weltgrund, der allem Werden und Vergehen zugrundeliegt, ist als persönlicher Gott erkennbar geworden, als ein Herr in Macht und als ein Vater im Wohlwollen.
Zur Ausdrücklichkeit und Anschaulichkeit kam das in der Sendung Jesu Christi, der in geschichtlicher Stunde und in menschlicher Gestalt das uns liebevoll zugewandte Antlitz Gottes wurde. Nichts mehr also sollte uns noch hindern, dieses Gottesbild in die Mitte unseres Denkens zu stellen.
Nach den erschütternden Erfahrungen der Kreuzigung Jesu, der Auferstehung Jesu und der Herabkunft des Hl. Geistes haben die Apostel ihre Gemeinden jeweils am Sonntag als dem „Tag des Herrn" zum Gottesdienst versammelt.
Unser Kult ist daher mehr als ein gelegentliches Nachdenken oder Reden über Gott, das beliebig gelingen oder mißlingen kann. Er ist die *Vergegenwärtigung eines Geschehens,* das feste Umrisse in der Geschichte hat. Unsere Begegnung mit Gott soll darum nicht weniger in Raum und Zeit Ausdruck finden; durch den christlichen Sonntag soll sie einen festen Platz im Ablauf unserer Tage haben, damit der Gottesgedanke nicht verblaßt und die Freude der Gotteskinder nicht verkümmert.

Wie beten?

Wenn schon kein Tag im Leben eines Christen ohne Gebet sein soll, dann gewiß kein Sonntag. Als „Tag des Herrn“ (was nicht ausschließt, daß er auch uns selber mehr gehört als der Werktag) sei er auch ein Tag des Gebets, der „Erhebung des Herzens zu Gott“.

Aber wie soll man das tun? Die Antwort auf diese Frage wird uns zugleich von mehreren Schwierigkeiten befreien. Beten kann man erstens *schweigend,* zweitens *mit Worten* und drittens *im Tun.*

Es gibt ein Schweigen der Verstimmung, das sich verschließt, ein Schweigen der Gleichgültigkeit, das keinen Kontakt findet. Es gibt aber auch ein Schweigen glücklicher Ergriffenheit und inniger Versenkung. Dieses Schweigen kann ein wortloses Beten des Herzens und mehr wert sein als viele Worte. Wenn wir allein in einer stillen Kirche oder in weiter, einsamer Natur sind, können wir so im Schauen, Verkosten, Horchen, Sehnen unseres Herzens beten. Das wäre ein Heilmittel gegen die eitle Geschwätzigkeit vor Gott.

Aber das echt Empfundene drängt auch zum Ausdruck. Wir können und sollen auch mit Worten beten. Am gesprächigsten werden wir gewöhnlich, wenn uns eine Not drückt. Das Bittgebet ist ein Bekenntnis unserer Bedürftigkeit und unseres Vertrauens, ist also nicht zu tadeln. Aber die selbstlose Anbetung Gottes, Lob und Dank in reiner Freude an Gottes Güte und Größe sollen im Gedränge unserer Bitten nicht untergehen. Das Vaterunser und die Liturgie zeigen uns die richtige Mischung.

Und dann kommt das Gebet des gottverbundenen Handelns. Alles Gute, das wir in reiner Absicht tun, verbindet

uns mit Gott, erhebt unser Herz zu ihm als ein in Taten übersetztes Gebet. Besonders ein Opfer, das wir bringen, kann dazu geeignet sein, weil es ohne Worte sagt, wie hoch wir den einschätzen, dem wir es bringen.
Lauter als das Blut des unschuldig ermordeten Abel ruft das Blut Christi zum Himmel, und zwar nicht um Rache, sondern um Versöhnung für uns (vgl. Hebr 12,24). Kein Opfer ist darum ein so wirksames Gebet wie das Meßopfer, vorausgesetzt, daß wir uns auch mit dem Tun Christi verbinden. Hier ist das Gebet des Schweigens, des Redens und des Tuns ideal vereinigt. Eine Frömmigkeit, die an der heiligen Messe ihren Mittelpunkt und ihre Richtschnur hat, wird gesund und dauerhaft bleiben.
Verläßt man das Prinzip der Mischung und des Maßhaltens, gerät man leicht in Einseitigkeiten, die weder Gott noch den Menschen gefallen. Die meisten Einwände gegen das Beten stammen aus Mißverständnissen der Gebetsformen. Aber könnte man unter vernünftigen Leuten darüber nicht bald einig werden?
Das Wesen des Gebetes selbst verlangt allerdings etwas Neues und Schweres von uns: Der Mensch muß sich öffnen für Gott und sein Herz ihm zuwenden. Mit ein paar Worten ist das nicht getan. Gebet ist eine fortlebende Bekehrung, ein wahres und bleibendes Interesse an der geheimnisvollen Wirklichkeit, die hoch über uns liegt und uns doch auch zuinnerst durchdringt.
Gebet ist eine Himmelfahrt der Seele, eine schwierige, aber doch glückliche Heimkehr des Menschen nach innen und nach oben; dorthin, wo die verborgenen Quellen unseres Daseins fließen.

Ein Sonntags-Buch

Eines der wirksamsten Mittel, um von einem Alltagsmenschen zu einem Sonntagsmenschen zu werden, ist die Beschäftigung mit der Heiligen Schrift, besonders mit dem Evangelium Christi.

Das Wort Gottes wird uns innerlich erleuchten und erwärmen wie kein anderes. Sonntag für Sonntag sollten wir uns eines dieser tiefsinnigen und lebenswahren Worte zu erschließen suchen. Dann werden wir imstande sein, von innen her und nicht nur mit äußerlicher Ablenkung die Werktagswelt mit ihren Sorgen und Verwirrungen, ihrem Druck und ihrer Hast abzuschütteln.

Leider ist es eine Tatsache, daß nicht alle Christen das erlösende Gotteswort am Sonntag hören oder lesen. Sie haben keine Lust dazu, keine Zeit dafür und keine Übung darin. Ihre Sonntage bleiben darum banal und unbefriedigend. So entsteht der Eindruck, die Bibel sei ein Buch für Sekten.

Gewiß sind hier mehr Hemmungen im Spiel als Abneigung. Wer aber diese Hemmungen einmal überwindet, wird nachhaltige Eindrücke und vielfache Anregungen erhalten. Sollte dort nicht auch für uns der „Schatz im Acker“ liegen, die „verborgene Perle“, die man mit so viel Freude findet, daß man alles für sie hergeben möchte? (Mt 13,44-46)

Das Zeitalter der Entdeckung fremder Länder und Völker auf unserer Erde ist so gut wie vorbei. Aber geistige und religiöse Entdeckungen kann man nach wie vor machen. Das Leben bleibt eigentlich immer ein Ausziehen ins Unbekannte, ein allmähliches Vordringen auf mühsamen, aber verlockenden Wegen der Erkenntnis. Gott selbst hat unser Leben aus der Schicht der bloßen Naturgesetzlichkeit herausgehoben und zu einem dramatischen Abenteuer zwischen Freiheit und Schicksal gemacht. Wir können gar nicht aufhören, nach seinem Sinn zu fragen, nach mehr Wahrheit zu suchen. So sollten wir uns auch im religiösen Leben nicht zu früh zur Ruhe setzen.

Die Beschäftigung mit einem Buch, der Weg vom Buchstaben zum Geist, ist eigentlich eine Begegnung mit dem, der es schrieb. Indem ich teilnehme an seinen Gedanken und Empfindungen und ihm Glauben schenke, überschreite ich die Grenzen meiner eigenen engen Welt und erhalte mit neuen Erkenntnissen auch neue geistige Kräfte. So können Bücher zu echten Freunden und Wegbegleitern werden.

Wie erst, wenn ich in einem Buch Gott begegne! Sein Heiliger Geist hat die biblischen Schriftsteller inspiriert, damit wir sein Wort, die Verkündigung der Propheten und Apostel, auch im Spiegel geschriebener Sprache besitzen.

Gott schenkt uns in der Bibel eine unerschöpfliche Quelle von Einsichten und Freuden. Der Sonntag ist nicht zuletzt darum ein besonderer Tag, weil an ihm diese Quelle zum Fließen gebracht werden kann.

Vor und nach Ostern

Gott geht mit

Wenn wir von einem Menschen sagen: „Der steht fest auf seinen eigenen Füßen", dann meinen wir damit nicht nur gesunde Beine, sondern vor allem persönliche Reife und Leistung. Das hat früher gegolten und wird immer gelten. Doch neuerdings verschiebt sich da etwas.
Der moderne Mensch steht lieber auf den beiden Füßen des technischen Komforts und der sozialen Gesetzgebung. Ohne Zweifel haben Millionen darin Lebenserleichterung und Halt gefunden. Aber die eigentliche Sicherung unserer Existenz, die Quelle, aus der unser Glück fließt, finden wir deswegen nicht leichter als unsere Väter und Mütter, eher schwerer.
Denn es ist gefährlich, seine Hoffnungen auf äußere Hilfen zu setzen, die so krisenanfällig sind wie Wirtschaft und Politik. Wir brauchen zunächst in uns selber einen Halt, der die unvermeidlichen Wechselfälle des Geschicks auffängt.
Und da ist es noch einmal gefährlich, sich selbst zu überschätzen. Mit einem zielstrebig erworbenen Wissen und Können, mit Entschlossenheit und Ausdauer werden wir zwar viele Nöte überstehen. Aber es fehlt noch etwas, um nicht doch am Ende zu scheitern, um nicht an der geheimnisvollen Unzuverlässigkeit der Dinge und der Herzen, also auch meiner selbst, unglücklich zu werden. Der Traum von der Rettung durch Hebung des Lebensstandards und von der freien Selbstverwirklichung wird nur kurz geträumt.
Dem Egoisten fehlt die natürliche Verankerung in der Gemeinschaft. Oft ist es wichtiger, eine Not mit anderen zu teilen, als sie zu beseitigen, eben weil man sie meist

nicht beseitigen kann. Wo unsere Kraft nicht ausreicht, die Probleme unseres Daseins zu durchschauen und aufzulösen, da finden wir Halt an Mitmenschen, die auch dornige Wege mit uns gehen und treu zu uns halten. Nicht nur die Kinder, alle Menschen brauchen irgendwen, der es ehrlich gut mit ihnen meint, dessen Wohlwollen sie wärmt, dessen Kraft ihre Kraft wird.

Und weil das so ist, nimmt auch die *göttliche* Hilfe diese Form der Weggemeinschaft an. Erst wenn auch Gott mit uns geht, haben wir nichts mehr zu fürchten, stehen wir fest auf unseren Füßen, gehen wir zuversichtlich in alle Ungewißheiten dieses Tages und aller kommenden Tage. Es gibt eine unsichtbare Weggemeinschaft mit Gott durch die Allgegenwart Gottes, aber tröstlicher wurde sie in der Sichtbarkeit der Menschwerdung seines Sohnes. Er kam zu uns, um alles mit uns zu teilen: unsere Natur, unsere Freuden und Mühen, unsere Enttäuschungen und Schmerzen bis zum Sterben.

Jetzt sind das nicht mehr nur unsere Angelegenheiten, sondern auch die seinen, und damit sind sie in der Sicherheit, ein gutes Ende zu nehmen. Wenn er unseren Weg zu dem seinen macht, dann mit der Absicht, seinen Weg uns zu schenken: den erlösenden Durchbruch zur Auferstehung vom Tod.

Die Karwoche zeigt, wie ernst es Gott mit dem Teilen unseres Geschicks ist und wie der gemeinsame Weg ohne falsche Abkürzungen, aber mit der Unbeirrbarkeit aller Werke Gottes zum Ziel führt, zur Osterfreude. Jeder Tag möge uns dieser Freude ein wenig näher bringen.

In die Karwoche

Wie doch die Zeit vergeht! Kaum hat das Jahr begonnen, stehen wir schon vor Ostern. Nehmen wir die Gelegenheit wahr, im Fluß der Zeit bei den Inseln anzulegen, die von den Festtagen gebildet werden. Im Interesse unserer körperlichen und seelischen Gesundheit unterbrechen wir die Fahrt und sehen uns ein wenig um.
Es ist nicht gut für uns, in lauter Gewöhnlichkeit zu ermüden und schließlich zu versauern. Wir haben Fähigkeiten und Bedürfnisse, die am Fließband allein nicht verwirklicht werden können. Wir wollen nicht nur, wir *sollen* auch ein persönliches Leben führen, also lernen, selber zu sehen und zu denken, Schönes zu schätzen und Schwieriges zu meistern. Denn mit Arbeiten und Rechnen, Fernsehen und Sport ist das Leben noch nicht erfüllt. Erlebnisfähigkeit und Widerstandskraft, Verantwortung und Glück erreichen wir nur durch Bildung des Herzens und des Gewissens. Ein armer Mensch ist jener, der nicht mehr staunen und beten kann, der keine Zeit mehr hat, sich zu prüfen und anderen zu helfen, der sich beim Gottesdienst nicht mehr seelisch erholt.
Die Karwoche sagt uns viel über den Sinn unseres Lebens. Vor allem, daß im Menschsein eine ungeheure Dramatik liegt, die Spannung von Gegensätzen, die keiner auf den ersten Blick durchschaut, auf den ersten Anhieb bewältigt. Abgehoben von der übrigen belebten Natur leben wir in der Verantwortung geistiger Entscheidungen, in der Möglichkeit, Gutes und Böses zu tun, in der Fähigkeit, bewußt zu handeln und zu leiden, offen für unvorhersehbare Höhen und Tiefen des Geschicks, auslangend nach unbegrenzter Lebensfülle. Hinter einem so großen

Entwurf kann nur ein so Großer wie Gott stehen. Es bleibt sein Geheimnis, wie nur aus dem Schmerz die wahre Freude und aus so vielen Mängeln die Vollendung wächst.

Ostern ist das Fest der Erlösung. Erlösung wovon? Vom Tod. Oder genauer gesagt: von jener Verstrickung in Schuld, die uns den Weg in unsere Vollendung bei Gott abschnitt. Darum umfaßt das Osterthema ein doppeltes Geschehen: das leidvolle Lebensopfer Jesu und seine Auferstehung. Beides geschah stellvertretend für uns alle. Unsere Taufe ist der Ausdruck dafür, daß wir unser Geschick an seines binden, uns ihm anvertrauen, um mit ihm nach unserer Läuterung versöhnt zum Vater heimzukehren.

Zunächst haben wir den Leidensweg Jesu zu bedenken. Er zieht alle Schmerzen unserer von Gott verstoßenen Existenz an sich, um sie zu heilen. Der Unschuldige trägt eine Schuld, die das Leben mit Widersprüchen und Vergeblichkeiten vergiftet. Als Mensch unter Menschen kann Gottes Sohn die Konflikte, die uns bedrängen, echt erfahren und ihnen doch nicht erliegen.

Die Karwoche erinnert uns an das erschütterndste Unrecht, das es je gab, und zugleich an die gründlichste Entmachtung des Bösen. Jesus selbst hat uns den Sinn seines Sterbens und Auferstehens gedeutet. Damit hellt sich auch unser eigenes Dunkel auf, und es kommt Sinn, österlicher Sinn in die sonst undurchsichtige Verbindung von Leben und Leiden.

Vom Sinn der Buße

Kaum einer wagt es noch, von Buße zu reden. Wenn überhaupt eine Zeit dazu drängt, dann wohl am ehesten die Karwoche.

In allen Religionen wird der Mensch, der sich mit Gott verbinden will, zuerst einer inneren Reinigung unterzogen. Es wird ihm bewußt, ein Sünder zu sein. Er darf hoffen, daß das Bekenntnis seiner Schuld ihm die Tür der Verzeihung öffnet. Erst der oberflächliche und von sich selbst eingenommene Christ der Neuzeit glaubt darüber hinweggehen zu können. Er sagt sein Lippenbekenntnis zu Beginn der Messe, aber von echter Demut ist er weit entfernt. Gott soll mit ihm zufrieden sein, so wie er eben ist.

Wie wir aber wirklich sind, zeigt schon der Alltag. Wir ärgern und reizen uns gegenseitig mit Grobheit, Frechheit, Feigheit, Faulheit und anderem, das mindestens *Ware mit kleinen Mängeln* ist. Darf nun Gott nicht verlangen, daß wir aufhören, ihn zu kränken, oder wenigstens mit unserer Reue sein Erbarmen verdienen?

Vielleicht hindern Mißverständnisse auch auf diesem Gebiet unsere Besserung. Vielleicht suchen wir einmal hinter den Schiefheiten der Praxis den wahren Sinn der Buße und erkennen, was Gott eigentlich von uns will.

Unser Handeln bestimmt unsern Wert. Und dies Handeln ist verantwortlich in den Grenzen unseres Wissens und unserer Freiheit. Ein guter Mensch ist also, wer Gutes tut; ein böser, wer Böses tut. Was gut und böse ist, steht in großen Zügen in unser Gewissen eingeschrieben. Gottes Wort verdeutlicht es. Kehrt einer von seinen bösen Wegen um, nennen wir das Buße, worin Schmerz und Freude

zugleich liegen, Schmerz der Reue und Freude der Heimkehr zu seinem wahren Selbst und zu Gott.
Die Buß- und Beichtpraxis der Kirche will uns helfen, nicht belasten, will uns nicht niederdrücken, sondern aufrichten, will uns die Augen öffnen, Realismus und Hoffnung lehren. Wenn wir vor Katalogen möglicher Verfehlungen mit Hinweisen auf ihre unterschiedliche Schwere stehen, sollen wir nicht in ein bürokratisches System gepreßt werden. Die objektive und allgemeingültige Ordnung der Werte muß erst noch mit der Situation des lebendigen Menschen verbunden werden. Dort sind die Einsicht, die Freiheit, der Zusammenhang jeweils recht verschieden. Am Ende entscheidet das Gewissen.
Das Schuldbewußtsein vieler Menschen ist sehr unklar, und sie quälen sich oft damit, etwas Greifbares zu finden. Das ist nicht nötig. Wir können unsere Entfremdung von Gott, die wir sehr wohl als einen Mangel empfinden, auch ohne genauere Umrisse bekennen. Daß wir uns und unsere Pflicht nicht genauer kennen, ist manchmal eine Fügung der Barmherzigkeit Gottes, der nicht das ganze Ausmaß der Verantwortung auf uns legen will.
Was vor Gott entscheidet, das ist die *Richtung des Herzens.* Ist diese Richtung durch Selbstsucht ganz zurückgebogen, oder schwingt sie sich auf zur Anerkennung des Größeren über uns, dessen Anspruch im Anspruch der Wahrheit und des Guten aufleuchtet? Unser einzelnes Versagen und unser einzelnes Werk sind letztlich nur Versuche, Symbole, Entwürfe, und wir überlassen es getrost Gott, diese Zeichen zu deuten. Er kennt uns und liebt uns doch.

Verklärung des Leides

In einer der schönsten Stunden, die von den Evangelien berichtet werden, in der Verklärungsstunde auf dem Berg Tabor, hatte das Zwiegespräch Jesu mit Mose und Elija erstaunlicherweise die Passion Jesu zum Gegenstand. Wir würden ein erfreulicheres Thema vermuten. Ist es nicht traurig, von seinem Tod zu sprechen?

In Wirklichkeit aber war es ein wohl ernstes, aber durchaus nicht deprimierendes Gespräch. Es war ganz eingetaucht in das wunderbare Leuchten, das die Sprechenden selbst umgab. Die drei Jünger, die um unsertwillen berufenen Augen- und Ohrenzeugen, waren so tief beeindruckt, so unbeschreiblich glücklich, daß Petrus begeistert vorschlug, Hütten zu bauen und hierzubleiben. „Er wußte aber nicht, was er sagte", bemerkt der Bericht (Lk 9,33). Es war für sie ein Geschenk des Himmels, vom Leiden und Sterben Jesu so reden zu hören, daß ihnen, wenn auch zunächst nur für diese erleuchtete Stunde, die Augen aufgingen. Mit Staunen, ja mit Schrecken blickten sie in die Tiefe des Erlösungsgeheimnisses. Ihr Geist war, wie es bei jeder echten Gotteserfahrung ist, beglückt und erschüttert zugleich. Hier leuchtete dasselbe Feuer, das einst Mose vor dem Dornbusch und Elija vor dem Opferaltar beglückt und erschüttert hatte.

Gibt es auch für uns eine Möglichkeit, in das Dunkel Gottes und der Welt, das Geheimnis des Lebens und des Sterbens Licht und Sinn zu bringen? Wir sollten im Taborgeschehen das Leiden Christi, unser eigenes Leid und das Leid der Welt sehen lernen.

Diese Welt liegt in Wehen, und darin als fühlender Mensch zu leben, bedeutet Schmerz. Ein solches Dunkel braucht Licht, sehnt sich nach Aufhellung. Auf Einblick in den Zusammenhang kann unser Geist nicht verzichten. Bevor wir nicht einen Ausgang aus der Bedrängnis sehen, einen Ausgleich nach so ungleicher Lastverteilung finden, eine Freude nach soviel Unerfreulichem spüren, mit einem Wort: Bevor es nicht hell wird, können wir nicht ja sagen zum Leben.

Trifft uns aber einmal ein Lichtstrahl der Sinnerschließung, des guten Ausgangs, liebevoller Geborgenheit, dann ist gleich Tabor in uns, Stunde der Leidverklärung. Entscheidend dafür ist, über die Grenzen blicken zu können, über unsere Grenzen hinaus hoffen zu dürfen. Das ist nicht Leistung, das ist Gnade.

Denn aus dem Gefängnis, dessen Mauern Schuld und Sühne heißen, führt nur Gottes verzeihende Liebe hinaus. Diese Liebe hat den Sohn gesandt, um dem Kreuz einen neuen, einen positiven Sinn zu geben. Leiden heißt nun nicht mehr im Sinnlosen stecken bleiben und enden, sondern Anteil erhalten an der Erlösung der Welt, die über das Leid hinausführt zur Auferstehung. Wo unser Weg sich im Dunkel zu verlieren scheint, dorthin kommt das Licht, das die Jünger auf dem Berg Tabor so beglückt hat. So betrachtet ist die Karwoche keine traurige Zeit, keine Zeit seelischer Finsternis. Wir sehen im Leiden Jesu zwar die Welt auf dem Höhepunkt grausamer Zerstörung, aber auch Gott auf dem Höhepunkt rettender Liebe. Darüber mag auf dem Tabor gesprochen worden sein. Die Jünger standen damals im Licht und waren glücklich. Möge es auch uns gegeben sein, den Segen des Kreuzes zu verstehen und zu erfahren.

Ernst und Freude

Von Zeit zu Zeit tut es gut, sich mit ernsteren Gedanken zu beschäftigen. Überwinden wir nur unsere anfängliche Abneigung dagegen! Ernst ist ja nicht dasselbe wie Mißmut und Niedergeschlagenheit, wie eine Übelkeit der Seele, die man so schnell wie möglich loswerden will.
Im Ernst rühren wir noch zuverlässiger an die Wirklichkeit als im Frohsinn. Wer die Wahrheit findet, hat immer Grund für Freude und Ernst zugleich. Erkenntnis ist für uns Glück und Anspruch. Realitäten wollen ernst genommen werden, wie ja auch wir selber.
In der christlichen Osterfeier werden wir zu der *untrennbaren Einheit von Ernst und Glück* geführt. Im Durchgang durch das Miterleben der Passion Jesu werden wir aus unseren Launen und Träumen gezogen, zum Realismus ernüchtert. Schuld und Sühne, das ist mehr als ein Romantitel.
Körperliche und seelische Schmerzen können zwar gelindert, aber, aufs Ganze gesehen, nicht abgeschafft werden. Wie sich am Webstuhl Schuß und Kette zu einem Gewebe verknüpfen, so sind Freuden und Schmerzen zu einem Menschengeschick verwoben.
Wir gehen also durch den Ernst der Karwoche, um das Fundament für das Freudenfest unserer Erlösung zu legen. Den beschwerlichsten Teil dieses Weges hat ohnehin der Erlöser auf sich genommen. Er tat es, denn er kennt wie kein anderer die Herrlichkeit des Zieles, und er liebt uns wie kein anderer, um uns an dieses Ziel zu bringen. Im Bild des Evangeliums gesagt: „Der gute Hirt gibt sein Leben hin für die Schafe“ (Joh 10,11).
Eine solche Großmut, solche Aufopferung ist unserer

leichtlebigen Zeit fremd geworden. Wir haben uns vordergründige Ziele gesteckt, suchen sie auf dem bequemsten Weg und kümmern uns wenig um andere. Wir umgehen alles Schwere, statt an ihm zu wachsen. Eine Zeitlang ist das recht lustig, aber da uns der Ernst fehlt, fehlt uns auch das Glück. Wir bleiben Unerlöste.

Man darf nämlich nicht übersehen, daß unsere eigentliche Aufgabe nicht im Spiel mit Kultur und Technik besteht, sondern im Ringen mit den Mächten des Bösen. Darum finden wir keine Ruhe, bevor nicht etwas selbstlos Gutes geschehen ist, an dem die Macht des Bösen zerbricht, angefangen von der bahnbrechenden Unschuld und Aufopferung Christi bis zu den bescheidensten Werken der Nachfolge Christi.

Man muß erst etwas vom Ernst unserer Lage vor Gott verstehen, wenn man die Freude der Erlösung kosten will. Unsere Religion kennt keine magische, von der ethischen Reife der Handelnden unabhängige Rettung. Anderseits liegt auch nicht die ganze Last der Läuterung auf uns. Keiner muß sich selbst erlösen. Aber jeder muß an seiner Erlösung mitarbeiten. Der Gekreuzigte und Auferstandene hat alle Menschen zu seinen Brüdern und Schwestern gemacht. Nun sollen sie auch als solche handeln.

Das heißt in diesen Tagen: den königlichen Weg des Kreuzes als Heilsweg erkennen und ihn dort mitgehen, wo die Vorsehung ihn uns auferlegt. Den guten Ausgang dieses Weges können wir dann ruhig dem überlassen, der ihn vor uns bis zur Auferstehung gegangen ist.

Gründonnerstag

Dieser Tag der Karwoche vergegenwärtigt uns die letzten Stunden vor der Passion Jesu Christi. Es sind Stunden, die man nicht ohne Ergriffenheit miterlebt. Auf der einen Seite geprägt von den düsteren Vorahnungen der Jünger, die die Katastrophe nahen fühlen, auf der anderen Seite erfüllt von der Schönheit des Ostermahles.

Der Termin scheint festgelegt durch den Verrat des Judas und den Beschluß des Hohen Rates, Jesus den Prozeß zu machen. In Wirklichkeit ist er nicht von außen erzwungen, sondern mit der Absicht gewählt, dem Osterfest der Juden einen neuen Sinn zu geben.

Unser Erlöser gibt sein Leben selbst in die Gewalt seiner Feinde. So nimmt er der äußeren Grausamkeit des nun folgenden Geschehens das innere Gift einer entsetzlichen Niederlage. Er macht seinen Tod zu einer freien Opfergabe, zum Zeichen eines Gehorsams und einer Liebe, die es ernst meinen. Er ist das wahre Osterlamm, das nicht umsonst stirbt.

Im vertraulichen Gespräch des letzten Abends sucht Jesus, das seinen Jüngern klarzumachen. Johannes berichtet davon ausführlich, damit es auch in alle Zukunft klar bleibe. Doch ging es an jenem Abend um mehr als Erkenntnis: Das Opfer Jesu und dessen Frucht, unsere Erlösung, wurden dem Mahl für immer eingestiftet: Tut dies zu meinem Andenken!

Was einmal und für alle vom leibhaftigen Leben und Sterben Jesu ausging, das sollte immer wieder in Raum und Zeit für jeden einzelnen vom Sakrament des Fleisches und Blutes Jesu ausgehen. Er füllt das Ostermahl, bei dem er den Jüngern Brot und Wein reicht, mit seiner eigenen Leiblichkeit. An ihr sollen wir Anteil nehmen, um mit ihm ewiges Leben zu erlangen. Immer wieder sollen wir den entsühnenden, erlösenden, lebenspendenden Sinn seines Todes bedenken und an uns leibhaftig erfahren, bis er zum offenen Heil der Welt wiederkommt.

So etwas kann natürlich nur Gott ins Werk setzen. Das unterscheidend Christliche ist nicht von uns ersonnen worden und fragt darum auch nicht nach unserem Beifall oder unserer Kritik. Der Gläubige vertraut sich der schöpferischen Macht und Liebe Gottes an.

Sind wir nicht in allem darauf angewiesen, an der objektiven Wirklichkeit leiblich und geistig zu wachsen? Gott schenkt uns diese Wirklichkeit als Schöpfer der Natur und als Urheber der Gnade, jener wunderbaren Möglichkeiten, die uns über unsere eigenen Unmöglichkeiten hinausheben.

Die Eucharistie gehört zu diesen neuen Möglichkeiten. Sie trägt als etwas Unerhörtes, Unerfindliches das gleiche göttliche Siegel wie das Leben und Sterben Jesu selbst. Wie in einem Brennpunkt sammeln sich hier die österlichen Lichtstrahlen des Erlösungswerkes, wie beim Abendmahl Jesu mit seinen Jüngern so beim Opfermahl der Kirche mit uns.

Viele unserer Tage werden dem Gründonnerstag darin ähnlich sein, daß sie wohl Ängste und Schmerzen bringen, aber im Osterlicht auch etwas von der Gewißheit der Überwindung erahnen lassen.

Leid und Gotteserkenntnis

Es ist schwer, in den Karfreitag einzuführen, wenn man nicht auf die seelische Verfassung der einzelnen Rücksicht nehmen kann. Je nach Charakter und Situation verschieden, antworten die Menschen auf den Gedenktag der Passion Jesu.

Gleichgültige und mit sich selbst Beschäftigte gehen ungerührt vorbei, wie sie sich daran gewöhnt haben, sich von so vielen anderen Leiden der Menschheit nicht stören zu lassen, solange es ihnen gut geht.

Andere, die ein waches Herz besitzen und auch selbst an sich erfahren, was Leid bedeutet, empfinden Mitleid und Ehrfurcht. Sie entziehen sich nicht dem erschütternden Eindruck, daß so große Hoheit so große Erniedrigung erleidet. Unter ihnen, also nicht den Schlechtesten, finden wir die gequält und erregt Fragenden: Wie kann der Gott der Liebe seinem Sohn und auch uns ein Kreuz aufladen, an dem wir sterben?

Wir möchten gern eine direkte Antwort, erhalten aber nur eine indirekte. Unter unseresgleichen hätten wir ein Recht auf offenen Aufschluß, aber hier handelt ein Größerer. Vom Gottesbegriff ist die Schwierigkeit ausgegangen, vom Gottesbegriff kommt auch die Lösung.

Es gibt zwei Erfahrungen, die uns über uns selbst und über alles, was wir machen können, hinaustragen: das Glück und das Leid. Beides begegnet uns frei, unerzwingbar das Glück und unvermeidbar das Leid.

Beides hat daher eine gewisse Unbegreiflichkeit für uns. Diese vorläufige Unbegreiflichkeit ist nötig, denn sie vertritt das Geheimnis des überweltlichen Gottes in der

Welt. Sie zwingt uns, die Götzenbilder zu verlassen und größer von Gott und unserem Heil zu denken.
Wenn wir unsere Zuflucht zu Gott nehmen, dürfen wir nicht auf Illusionen bauen, sondern auf die Wirklichkeit. Gottes Wirklichkeit muß für die Welt die Erscheinungsform des Geheimnisses haben, denn wie sollte das Endliche das Unendliche fassen? Wollen wir unser Ziel erreichen und der Teilhabe an Gottes Leben würdig werden, müssen wir über die Stufen des Vertrauens gehen. Der Weg führt durch das Dunkel ins Licht, durch unentbehrliches Dunkel, unentbehrlich für das Ausgreifen der Seele nach der je größeren Wahrheit und Seligkeit Gottes.
Das Kreuz Christi ist der dunkelste und zugleich hellste Punkt in der Welt: Ein Leben erlischt in Schmerz und Schande und offenbart eben darin seine restlose Hingabe an Gott. Über dem Kreuz verfinstert sich zwar zeitweilig die Sonne, aber die Wirklichkeit Gottes leuchtet auf im Spiegel des Gehorsams und der Ehrfurcht, der Hoffnung und der Liebe des Sterbenden.
Darin liegt der indirekte Aufschluß über den Sinn des Leides. Wir wissen nicht, welche Früchte es jeweils trägt, aber wenn der Sohn Gottes es zum Prinzip der Erlösung macht, hat es den verborgenen Sinn der Weisheit Gottes. Das genügt, denn Gott ist und bleibt ein Gott der Liebe. Die allumfassende, unermeßliche, ewige Liebe hat die Maße Gottes und nicht die des Menschen. Darum darf sie für uns auch eine geheimnisvolle Liebe sein, und wir gehen mit, wenn sie uns über das Kreuz und Grab in den Ostermorgen der Auferstehung führt.

In guten Händen

Der Karsamstag liegt zwischen Karfreitag und Ostern wie ein Tal im Schatten mächtiger Berge. Alles schaut auf die Berge. Welche Anregung soll von diesem Tal ausgehen? Es scheint keine andere Bedeutung zu haben, als Übergang zu sein, ein bescheidener, stiller Übergang wie die Pause zwischen den Noten.

Aber auch die Pause will etwas sagen. Wenn wir nicht vor Geschäftigkeit taub sind (ich weiß schon, daß dies vor den Feiertagen kaum vermeidlich ist), so können wir einen Nachklang von dem hören, was vorausging und was in der Stille besser in unser Nachempfinden eindringen kann. Das siebte und letzte Wort Jesu am Kreuz soll uns beschäftigen, denn es trifft genau den Punkt des Übergangs: das Ende eines Leidensweges und den Beginn der Erlösung im Aufblick zum Vater, der alles gut macht. Zum Staunen der Umstehenden hatte Jesus auf dem Tiefpunkt seiner Erschöpfung noch mit lauter Stimme gerufen: „Vater, in deine Hände lege ich meinen Geist" (Lk 23,46a). Dann starb er.

Die Welt ist voller Spannungen und Probleme. Es drängt jeden, sie zu lösen, besonders wenn sie uns weh tun. Einiges gelingt, anderes nicht. Das hält unseren Stolz in Grenzen. Niemand macht sein Glück allein. Das Sich-wohl-Befinden und Sein-Ziel-Erreichen kommt nicht von noch so krampfhaften Anstrengungen des einzelnen, sondern aus dem gesunden Zusammenhang, den solche Anstrengungen mit der Umwelt haben.

Dazu gehören zuerst einmal unsere Mitmenschen. Der Friede unter den Menschen gedeiht nur in einem Vertrauensklima gegenseitiger Stützung. Wir brauchen je-

manden, dem wir uns anvertrauen können: das Kind die Eltern, der Lernende den Lehrer, der Laie den Fachmann, der Kranke den Arzt, der Hilflose den, der ein Herz für ihn hat. Alles Lebendige will Wärme und Geborgenheit.
Aber die eigentliche Ruhe und Sicherheit kommt uns doch erst aus dem gesunden Zusammenhang unseres Lebens mit Gott. Bei keinem ist unsere Sache in so guten Händen wie bei ihm. Auf dem Wohlwollen Gottes als tiefstem Fundament ruht alle Ermutigung zum Vertrauen. Wenn uns dieser Karsamstag dazu brächte, dem sterbenden Erlöser das wunderbare Wort nachzusprechen: „Vater, in deine Hände lege ich meinen Geist", dann stünden auch wir am Übergang vom Kreuz zur Osterfreude. Als nämlich die Sache Jesu verloren schien, nahm sie erst die entscheidende Wendung. Die Hingabe an den himmlischen Vater war schon immer der Mittelpunkt im Denken, Reden und Handeln Jesu gewesen. In seinem Tod leuchtet sie noch einmal so auf, daß alles, restlos alles, als Opfer hinübergeht, um als Herrlichkeit zurückzukehren. Die Überantwortung in Gottes gute Hände führt geradewegs und mit innerer Notwendigkeit zur Auferstehung. Dieses Gesetz, das der Sohn Gottes offenlegt, gilt auch für seine Brüder und Schwestern. Wo sie sich ihm anschließen, bewahren sie in einer kalten und zerrissenen Welt ein warmherziges und ruhiges Gemüt. So steht dem nichts mehr im Wege, daß wir Ostern feiern.

Musik für die Seele

Wir feiern *Ostern* – einen Tag, der viele kümmerliche oder traurige Tage aufwiegen kann. Alle haben an diesem Tag einen Grund zur Freude, ob sie nun bloß Ruhe und Erholung suchen oder darüber hinaus auch aus dem tieferen Sinn des Festes schöpfen.
Ostern wird seit Menschengedenken gefeiert. In den alten Naturkulten als Frühlingsfest der Wiederkehr des Lebens, im Judentum als Erinnerung an die Befreiung Israels aus ägyptischer Knechtschaft und, an beides anknüpfend, von den Christen als Gedächtnis der Auferstehung Christi, des Erlösers aller Menschen.
Was wir jetzt bedenken wollen, soll nur Einstimmung in eine ganz besondere Tonart sein, nämlich das Aufklingen des großen Themas der Hoffnung auf Rettung unseres allseits bedrohten Lebens.
Das ist Musik für die Seele, hoch über den Mißtönen des Alltags. Wer sich bedrückt weiß von leiblicher oder geistiger Not, verlassen oder verletzt, verwirrt oder verzweifelt, hört eine neue Stimme, die Stimme des Lebens. Alles Erstrebenswerte ist in diesem einen Wort *Leben* zusammengefaßt. Wer es schützt und fördert, macht den Menschen glücklich.
Nennt es Musik, Licht, Macht oder Freiheit, immer wird sich der Mensch sehnsüchtig und staunend, freudig und dankbar solchen Verheißungen zuwenden. Wir hoffen alle auf einen Morgen, an dem das Müde frisch, das Kranke gesund und alles Alte neu wird.
Könnte doch die Richtung unseres Lebens, das ja in einem fort aufgerieben wird, eines Morgens umgedreht werden und statt zum Tod hin vom Tod weg führen!

Hätte das Lied des Lebens, das die Natur im Frühling so verlockend neu anstimmt, doch mehr als ein paar kurze Strophen!
Zum Glück sind wir in unserer Lebenshoffnung nicht nur auf instinktive Ahnungen angewiesen. Die Religionen wissen es: Gott hat gesprochen. Der Ursprung und Herr des Lebens will auch sein Retter und Vollender sein. „Seht, ich mache alles neu" (Offb 21,5), läßt er uns im letzten Buch des Neuen Testaments sagen.
Das ganze Johannesevangelium ist auf diese Tonart gestimmt. Lesen Sie darin, und Sie werden aus allem die eine große Ermunterung herauslesen, sich doch dem Erlöser anzuvertrauen, der den wunderbaren Tausch vollzieht, *unseren Tod zu nehmen und sein Leben zu geben.* Unser Glaube läßt sich durchaus mit diesem einen Satz aussagen: „Gott hat die Welt so sehr geliebt, daß er seinen einzigen Sohn hingab, damit jeder, der an ihn glaubt, nicht zugrunde geht, sondern das ewige Leben hat" (Joh 3,16). Zum Zeichen der Verknüpfung unseres sterblichen Lebens mit Christi unsterblichem Leben werden seit alters in der Osternacht Taufen gespendet. Seine Auferstehung wird zum Unterpfand unserer Auferstehung. Eine glücklichere Wendung könnte unser Geschick nicht nehmen. Jetzt ist das Leid der Welt aus seiner Sinnlosigkeit erlöst: Es läutert das Bleibende aus dem Vergänglichen heraus. Es drängt uns Gott entgegen und damit der eigentlichen Fülle des Lebens. Tief und dauerhaft könnte also unsere Freude sein, mit der wir in diesen Ostermorgen gehen.

Übergang in den Alltag

Ostern schenkt uns einen zweiten Feiertag, also Zeit, mit dem Inhalt des Festes vertrauter zu werden und einen Übergang in den Alltag zu finden. Feiertag und Alltag sollen sich gegenseitig durchdringen und anregen. Wir haben ja die Osterbotschaft empfangen, um sie in unser Leben zu tragen. Alles wird anders, wenn unser Weg, der im Dunkel zu enden scheint, tatsächlich ins Licht führt.

Auch die Tage der Enttäuschung, der Hilflosigkeit, der Plage bekommen Hoffnung und damit Kraft. Leider wissen viele Menschen nicht, wofür sie leben. Ihre Erwartungen richten sich auf das erstbeste, das sich greifen läßt und sich ihnen dann doch wieder entzieht. Sie reiben sich auf in Vergeblichkeit und Vergänglichkeit.

Ihnen möchte ich von Ostern erzählen, von dem *Gottesgeschenk der Lebenshoffnung.* Christi Sühnetod hat die Welt verwandelt: Aus Verlorenen wurden Gerufene. Wir sind berufen, unser Leid in die gleiche Waagschale zu legen wie der Gekreuzigte, damit es vereint mit ihm das Böse in der Welt aufwiegt und den Weg zur Auferstehung freimacht. Die schreckliche Sinnlosigkeit eines gottabgewandten Lebens ist aufgehoben und ein Zusammenhang von Leid und Glück wiedergefunden. Wenn die Osterglocken läuten und Christi Auferstehung verkünden, träumen wir nicht, wir feiern vielmehr einen realen Wendepunkt unserer Geschichte.

Davon sprachen die ersten Zeugen, und ihr Wort ging wie ein Lauffeuer durch die Hafen- und Handelsstädte des Mittelmeeres. Lesen Sie das in der Apostelgeschichte nach. Eine Freude und ein Friede ohnegleichen begannen

einen neuen Menschentyp zu prägen, den Christen, der aus dem Ostergeheimnis lebt.
Ostern gibt ja allen, die unter der Hinfälligkeit der Welt leiden, das Bewußtsein, im Vaterhaus Gottes wieder Heimatrecht zu haben und dorthin zu einem ewigen Gastmahl geladen zu sein, wenn sie nur die Mühe nicht scheuen, sich nach Möglichkeit dafür herzurichten und ihre Mitmenschen mitzubringen.
Heute wird, so scheint mir, für das Christentum zuviel leeres Reden, Schreiben und Organisieren aufgewendet. Das produziert zwar öffentlichen Lärm und füllt Statistiken, macht aber schließlich doch keinen Eindruck auf die Gewissen. Und darauf käme es doch letztlich an.
Innerlich verstandene Osterfreude kommt mit weniger Aufwand aus. Sie greift von selbst um sich, wenn sie echt ist. Sie beruht auf dem Glauben an das Wort Jesu, das er im Angesicht des Todes den Jüngern sagte: „Weil ich lebe und weil auch ihr leben werdet" (Joh 14,19), oder ähnlich ein wenig später: „So seid auch ihr jetzt bekümmert, aber ich werde euch wiedersehen; dann wird euer Herz sich freuen, und niemand nimmt euch eure Freude" (Joh 16,22).
Von einer nur halb erfaßten Wahrheit könnte keine Überzeugung, keine Kraft, keine Freude ausgehen. Denn wie Paulus ganz richtig sagt: „Wenn aber Christus nicht auferweckt worden ist, dann ist euer Glaube nutzlos ... Wenn wir unsere Hoffnung nur in diesem Leben auf Christus gesetzt haben, sind wir erbärmlicher daran als alle anderen Menschen" (1 Kor 15,17.19). Der ernstgenommene Osterglaube dagegen leuchtet noch weit in die kommenden Wochen und macht sie zur *österlichen Zeit.*

Religiöse Vernunft

Diese Betrachtungen geben uns die Möglichkeit, unsere Tage mit einem religiösen Gedanken zu beginnen. Das ist keine überflüssige Sache, für die sich nur eine fromme Minderheit interessiert. Denn Frömmigkeit in der einen oder anderen Form möchte ich ein allgemeines menschliches Bedürfnis nennen; ein Bedürfnis, das unserer Zeit in dem Maße wieder mehr bewußt wird, als sie von ihren sogenannten Errungenschaften schmerzlich enttäuscht wird. Wir sind noch immer gleich weit vom Paradies entfernt. Es wäre leichter, einen religiösen Gedanken zu fassen, wenn uns die Anregung dazu so treffen würde, wie wir sie gerade brauchen und vertragen können. Aber dieser persönliche Wunsch kann in der Öffentlichkeit der Kirche nie ganz erfüllt werden. Das ist in menschlichen Gemeinschaften unvermeidlich und wird von realistischen Christen auch verkraftet. Sie wissen ja, daß man es zur gleichen Stunde mit den gleichen Worten und den gleichen Handlungen nicht allen gleich recht machen kann.
Frömmigkeit ist mit Recht sehr empfindlich für Maßlosigkeiten. Es gehören daher sehr viel diskrete Zurückhaltung und Taktgefühl zur Gestaltung religiöser Rede und religiöser Feier. Der Gott der Christen ist ein Gott erbarmender Liebe, also der Rücksicht und Geduld. So sollte der einzelne mit seinen Auffassungen und Forderungen zurücktreten, damit Platz sei für die vielen, wenn sie nur alle eins sind im wesentlichen.
In der Religion schadet die Überfütterung nicht weniger als die Unterernährung. Beides gab es natürlich immer. Aber derzeit gehen beide ins Extrem: die kleine Schar der Eiferer für den alten Glauben, die alte Sitte und den alten

Kult auf der einen Seite, auf der anderen Seite die Masse der Christen, die nicht mehr wissen, wo Religion über Sozialprogramme hinausreicht, denen Gott offenbar abhanden gekommen ist.
Man sollte sich deshalb nicht gegenseitig beschimpfen, denn auf beiden Seiten ist mehr guter Wille, als auf den ersten Blick erkennbar ist. Doch es bleibt dabei: Zu nahe gerückt vertragen sich die Extreme nicht mehr. Die unselige Aufspaltung dessen, was man heute christlich nennt, schadet nicht nur dem inneren Geist der Kirche, sondern auch ihrer Wirkung auf die Umwelt.
Wir versuchen darum in den Betrachtungen, Religion und Leben auf eine schlichte, aber klare Weise so miteinander zu verbinden, daß wir weder an Überfütterung noch an Unterernährung leiden müssen. Wir wollen ein paar Grundgedanken des frommen Lebens so vor uns hinstellen, daß sie uns durch sich selbst erfreuen, überzeugen, erfüllen, daß wir in ihrem Licht ruhiger und glücklicher leben, ohne von uns das Opfer der Übertreibung zu verlangen und ohne uns mit einem billigeren, aber verwässerten Evangelium ins Elend gottentfremdeter Menschlichkeit zu locken, die sehr bald aufhört, menschlich zu sein.
Ich möchte Ihnen für diese österliche Zeit eine Frömmigkeit empfehlen, die nicht im Nebensächlichen erstickt, die unkompliziert und unverfälscht den Osterglauben lebt, die nahtlos eingewebt ist in die Grundhaltungen unseres Lebens, eins mit unserem übrigen Wissen und Wollen, die mit hellen Augen geradeaus zu Gott geht, dem Ursprung der Freude und der Erfüllung unseres Daseins.

Dankbares Leben

Ich habe Ihnen versprochen, Sie mit frommen Maßlosigkeiten zu verschonen und die Osterfreude in eine möglichst schlichte, ehrliche und lebensnahe Form zu bringen. Unsere eigene Wirklichkeit soll mit der Wirklichkeit Gottes in einen guten Zusammenhang kommen. Beschäftigt mit der einen, wollen wir nicht an der andern vorbeilaufen. Gott ist ja größer, wichtiger und mehr versprechend als wir selber und alles um uns herum. Wohnt er in unserem Herzen (Paulus sagt in 2 Kor 4,7: „Schatz in zerbrechlichen Gefäßen"), dann sind die Grenzen des hiesigen Lebens leichter zu ertragen.
Darüber ist nun schon viel gesagt worden. Es mag uns schwerfallen, solchen Worten zu folgen und sie in eigenen Gedanken und Gebeten zu wiederholen. Aber was von Gott und uns geheimnisvoll bleibt, ist kein Grund zum Verstummen. Was man an Angst und Hoffnung, an Nöten und Wünschen, an Freude und Dankbarkeit nicht mit Worten ausdrücken kann, kann man doch sehr lebendig in sich tragen. Es genügt dann oft, wenn die Zeit dafür da ist, ein einziges Wort, um alles zu sagen, was man fühlt. Denken wir an den Ruf des Blinden: „Sohn Davids, erbarme dich meiner!" (Mt 15,22), die Bitte des mit Jesus gekreuzigten Schächers: „Denk an mich, wenn du in dein Reich kommst!" (Lk 23,42), das Wort der Magdalena, als sie im vermeintlichen Gärtner den Auferstandenen erkennt: „Meister!" (Joh 20,16); denken wir an die beschämte und doch so glückliche Ergriffenheit des Thomas: „Mein Herr und mein Gott!" (Joh 20,28) oder des Petrus: „Herr, du weißt alles; du weißt, daß ich dich liebe!" (Joh 21,17)

Was hier vor Gott zählt, ist die Seelenverfassung, das innere Wissen und Wollen, das sich stammelnd einen Weg nach außen bahnt. Wir werden darum in diesen Betrachtungen nach solchen inneren Haltungen suchen, nach den Grundhaltungen unseres christlichen Glaubens, die wir Gefahr laufen, in unserer wort- und aktionsreichen Zeit fast zu verlieren. Fangen wir mit der Dankbarkeit an.

Es hängt sehr viel davon ab, in welcher Stimmung wir einen Tag beginnen. Darum empfehle ich Ihnen, jeden Tag mit der Einstellung einer bewußten *Dankbarkeit* anzugehen.

„Ich darf leben!", sagt mir morgens mein erster Atemzug nach dem Aufwachen, und spontan sollte sich dem anschließen: „Mein Gott, ich danke dir!" Das ist nicht naiv. Denn was immer die Mängel meiner körperlichen und seelischen Verfassung sein mögen, sie löschen nicht die Tatsache aus, daß ich zum Leben erwache, weil Gott es mir schenkt. Wollte er mich nicht, wäre ich nicht. Wenn ich also bin, so ist das Gnade und Freude und macht mir Mut. Ein ehrliches „Mein Gott, ich danke dir!" am Morgen ist wie Licht auf den ganzen Weg des Tages. Es vertreibt den Mißmut. Es macht die Augen auf für die Fügungen göttlicher Aufmerksamkeit in meinem Leben. Es zieht neue Gaben an, denn kein Herz kann sich einem Dankbaren verweigern. Es ist der Anfang des Lobgesangs, den wir alle am Ende unserer Tage singen, wenn Gott aus dem kleinen Funken Lebens, für den wir ihm danken, ewiges, seliges Leben machen wird.

Die Rettung des Schönen

Unser Leben, das gibt uns jeder Morgen neu zu bedenken, vollzieht sich in Schönheit und Häßlichkeit zugleich. Ein merkwürdiger Zwiespalt! Weder ich selber noch die andern, weder meine Umgebung noch die Welt sind *nur* schön oder *nur* häßlich. Oft ist das Häßliche so grell und laut, so aufreizend und schmerzlich, daß wir das stillere Schöne fast übersehen und überhören. Das Häßliche scheint wie das Böse allgegenwärtig zu sein; das Schöne existiert wie das Gute nur wie auf Inseln.

Ist es nicht merkwürdig, daß Christen dennoch mehr Zutrauen in das Schöne und Gute haben? Woher haben wir das? Und ist es nicht merkwürdig, daß der sogenannte moderne Mensch so gern im Häßlichen wühlt: in seiner Psychologie und Literatur, in seiner Malerei und Musik? Er rühmt sich einer besonderen Wirklichkeitsnähe, wenn er Schönheit und Würde, Harmonie und Ordnung verachtet.

Im täglichen Zwiespalt der schönen und der häßlichen Erfahrungen nicht zerrissen zu werden, sondern trotz allem auch von heute morgen an wieder an das Schöne zu glauben, also schön sein, Schönes tun und Schönheit lieben zu wollen, das verdanken wir nicht Gründen wie Temperament, Gesundheit und Geschmacksbildung. Als geistige und religiöse Haltung hat das tiefere Gründe. Hier spielt unser Glaube an Gott und die Erlösung, eben unser ganzes Weltbild, eine entscheidende Rolle.

Wie für den Menschen, der sein eigenes Ich und sein kurzes Leben in einer unbefriedigenden Welt allzu wichtig nimmt (und das muß er wohl, wenn es sonst nichts gibt!), das Böse und Häßliche im Wert steigt bis zur vollen

Ebenbürtigkeit mit dem Guten und Schönen, so steigt für den Christen, der diese Welt von Gottes Macht, Weisheit und Liebe umfaßt weiß, der Wert des Guten und Schönen bis zur endgültigen Überlegenheit über alles Böse und Häßliche.

Ein Zwiespalt, der nur vorläufig ist, weil Gott ihn beseitigen wird, kann uns nicht mehr schrecken. Wir wissen ja, daß die Welt, obwohl sie streckenweise vom Menschen materiell und geistig verschmutzt wird, einen reinen Ursprung hat und eine reine Vollendung haben wird.

Das gibt uns Erlösten den Mut, *dem Schönen mehr Recht zu geben als dem Häßlichen;* und damit auch den Mut zu uns selber, zum guten Sinn unseres Schicksals und zur unschuldigen Freude an allen Rosen in den Dornen der Erde; und damit auch den Mut zu einem frohen Beginn eines jeden Tages. Wir werden Auge und Herz offenhalten für alle Spuren und Boten Gottes, der unvergänglichen Schönheit, für die wir letztlich geschaffen sind.

Ein Tag in der österlichen Zeit ist schön, nicht nur weil wir im Frühling stehen, in dem sich wieder Leben regt und das Licht zunimmt, sondern darüber hinaus, weil wir an Ostern von einem neuen Leben und einem neuen Licht gehört haben: vom Leben Christi, das nicht mehr stirbt; vom Licht Christi, das nicht mehr verlöscht. Der Erlöser ist durch das Dunkel des Leides gegangen, um es aufzuhellen. Die Häßlichkeit des Bösen hat keine Macht mehr über uns, die Schönheit des Lebens ist gerettet.

Ruhe und Festigkeit

Das Evangelium Christi will und kann seine Kraft in der Durchdringung des ganzen Menschen erweisen. Es trägt einen guten Geist in unser Denken und Handeln. Diesen Geist kann man in einigen Grundhaltungen wiedererkennen, die wir in diesen Kapiteln betrachten.
Von der Dankbarkeit gegen Gott und von der Freude am Schönen haben wir schon gesprochen. Heute denken wir an die *Ruhe und Sicherheit, die aus dem Osterglauben in unser Herz kommen.*
Die Auferstehung Jesu war ja nicht nur für seine Jünger eine Wiederaufrichtung ihres Glaubens, dessen menschliche Schwäche genau wie bei uns einer göttlichen Stärkung bedurfte. Wir sind mit gemeint, wenn der Auferstandene ihnen sagt: „Der Friede sei mit euch" (Lk 24,36), „Fürchtet euch nicht!" (Mt 28,10) und „Selig, die nicht sehen und doch glauben" (Joh 20,29). Ostern ist für die ersten und alle weiteren Jünger Jesu ein Fest wunderbarer Vergewisserung.
Darin finden wir ein Heilmittel gegen eine der geistigen Krankheiten unserer Zeit: gegen die Entwurzelung des Geistes, die Zersetzung des Seelenfriedens, die Verherrlichung des Zweifels und des Umsturzes aller Werte. Nichts schätzt der moderne Mensch mehr als Probleme, die ein endloses Geschwätz eröffnen, und nichts weniger als Gewißheiten, die das Geschwätz beenden. Er ist ganz verliebt ins Hinterfragen, aber er scheut Antworten.
Ostern ist so eine Antwort. Gott selbst gibt sie. Und sie schafft Klarheit in der Frage aller Fragen: Ist meine Existenz vergänglich oder nicht? Hat Jesus recht oder nicht, wenn er uns verspricht: „Wer an mich glaubt, wird leben,

auch wenn er stirbt“ (Joh 11,25)? Der schlichteste Mensch (vielleicht gerade er) erkennt die Bedeutung der Antwort Gottes für seine innere Ruhe und Festigkeit. Der Christ muß wie alle Menschen in den täglichen Kampf gegen alle möglichen widrigen Mächte ziehen, aber er kann es, und das unterscheidet ihn vom Ungläubigen, mit der Gewißheit tun, daß die Nachfolge Christi nicht im Dunkeln endet. Wenn die wesentlichen Bedrohungen beseitigt sind, und das geschah am Kreuz Christi für uns alle, dann kann man mit Gelassenheit an die verbleibenden Aufgaben gehen.

Unglaube ist die eigentliche Wurzel der Nervosität, der Angst, des Mißtrauens, der Haltlosigkeit. Wer freilich Ostern nicht kennt, sucht seinen Halt umsonst in anderen Bereichen. Die Sicherheit der Stolzen, die sich auf ihre Tüchtigkeit und ihr Glück verlassen, wird immer wieder brüchig. Aus den Bruchstücken kann man zwar noch eine trotzige Philosophie machen, aber der Osterglaube scheint mir doch wirklichkeitsnäher zu sein und hält auch länger. Wo menschliche Selbstbehauptung am Ende ist, verweist uns der Glaube auf den eigentlichen Grund unserer Gewißheit: auf die Antwort Gottes in der Auferweckung Jesu, des Erstgeborenen von den Toten.

Warum eigentlich?

Wir sprechen von der geistigen Verfassung, oder wenn Sie wollen, von der Grundstimmung, in der ein Christ an sein Tagewerk geht oder doch gehen sollte. Ein Gottesglaube, der sich nicht auswirkt auf mein Denken und Tun, ist nichts wert.

Einer der deutlichsten Grundzüge eines Christenlebens ist die *Ehrfurcht vor sittlichen Werten*, die zuletzt eine Ehrfurcht vor Gott ist. Lassen Sie uns darüber nachdenken, damit wir darin einen Sinn und nicht ein Diktat sehen. Es ist heute nicht das erste Mal, daß man uns zum Guten anhält und vor dem Bösen warnt. Wir wissen schon, daß ein Christ über das Heilige nicht spottet, Leben und Gut des Nächsten nicht antastet, sich nicht unbeherrscht gehen läßt, sich vor Lüge, Betrug und Verleumdung hütet. Wir wollen keine Schädlinge, keine Lüstlinge, keine Diebe, keine Mörder sein.

Warum eigentlich?

Es gibt viele Gründe, gute Sitten zu respektieren. Welcher mich bewegt, ist vorerst gleich, wenn er nur wirksam ist. Aber wenn die schwachen Gründe versagen, müssen wir bessere suchen.

Man kann sich zum Beispiel aus rein egoistischen Gründen in acht nehmen. Man sieht Vorteile, wenn man die Erwartungen seiner Umgebung nicht enttäuscht. Ein anpassungsfähiger Mensch kommt beruflich und gesellschaftlich weiter. Ein bösartiger Charakter ruiniert Frieden, Gesundheit und Existenz. Aber dies Motiv steht auf schwachen Füßen. Nichts wird mich zurückhalten, Böses zu tun, wenn der Vorteil einmal auf der Seite des Bösen liegt.

Die meisten Menschen hindert ein moralischer Instinkt daran, ihr Wohlverhalten so schnell aufzugeben. Sie sind gut, nicht aus Berechnung, sondern weil sie fühlen, daß Sitte und Anstand ein Ausdruck der menschlichen Natur sind.

Unsere Religion führt uns einen Schritt weiter. Wir hören in der Stimme des Gewissens einen Anspruch Gottes. Und wenn uns unsere Natur mit ihrem inneren Zwiespalt verwirrt, finden wir Halt in Gottes Wort. Die Nachfolge Christi vereinfacht und verstärkt zugleich die Beweggründe, ein guter Mensch zu bleiben, auch dort, wo kein Vorteil lockt und wo der Geist ratlos ist.

Wir Christen erkennen im Zusammenhang mit Gott den eigentlichen Grund der Verbindlichkeit sittlicher Werte. Er verteidigt darin sein eigenes Wesen, zu dessen Ebenbild wir geschaffen und erlöst sind. Was das Böse in uns zerstört und das Gute in uns aufbaut, ist eben das, worin wir Gott ähnlich sind, ist die Würde eines denkenden und freien Wesens, das nachvollziehen kann, was Gott tut und in Christus offenbart.

Wenn heute und täglich Gut und Böse zur Wahl vor uns liegen, ist es gut zu wissen, daß beides vor Gott geschieht. Darum ließ die Reue den verlorenen Sohn sagen: „Vater, ich habe mich gegen den Himmel und gegen dich versündigt“ (Lk 15,21). Darum wird auch die Versöhnung bis zum Himmel reichen: „Petrus, ... was du auf Erden lösen wirst, das wird auch im Himmel gelöst sein“ (Mt 16,19).

Geborgenheit

Mancher von uns erwacht zu einer Morgenstunde, die für ihn leer und kalt ist. Die verlassene Frau, der einsame Mann, oft noch krank dazu, sie fühlen sich ohne Auftrieb und Lebensfreude. Später mag der Tagesablauf unseren Kummer zudecken, doch morgens ist es noch still, und wir sind ganz uns selber ausgeliefert.

Das Unglück besteht nicht eigentlich in der Einsamkeit. Es gibt ja auch ein Alleinsein in der Stille, das voll ruhiger Selbstsicherheit ist und das sich zur gegebenen Zeit ohne Schwierigkeiten seinen Aufgaben und den Mitmenschen öffnen kann. Was diese Morgenstunde bitter machen kann, ist die innere und äußere Verlorenheit. Die innere, weil man mit sich selbst nichts anzufangen weiß; die äußere, weil man sich ausgeschlossen fühlt aus der Geborgenheit menschlicher Gemeinschaft.

Es ist wahr: Gesundes Leben steht im Austausch, braucht sinnvollen Zusammenhang, will geistige und leibliche Geborgenheit. Aber nicht alle finden das, und keiner findet es so, wie er es wünscht. Auch in dieser Hinsicht ist die Erde kein Paradies und kann es nie werden. Unsere Bewährung verlangt, daß wir auch unter Fremden, ja unter Feinden zu leben lernen. Ein zu mildes Klima würde uns verweichlichen. Wir sollen aus unserem Gottesglauben die innere Geborgenheit ziehen, die uns oft äußerlich versagt bleibt.

Daß Religion Geborgenheit schenkt, hören wir sogar von solchen, die sie nicht haben, aber davon ein Wunschbild entwerfen: Ach, könnte ich glauben wie ein Kind! Ich wäre glücklicher, sagen sie. Damit haben sie recht. Nur im Nicht-Können täuschen sie sich. Der Glaube ist nicht einfach da oder nicht da, sondern ist ein Wachsen, dessen Gedeihen seine Bedingungen hat. Der Acker muß bereitet werden für die Aufnahme des Korns, damit es aufgehen kann und wir einst vom Brot der Geborgenheit essen können.

Der Gottesglaube gibt allen Menschen guten Willens eine geistige Heimat. Wir sollten das denen glauben, die es erfahren haben und die mit ihrer Fröhlichkeit das Lob Gottes singen.

Wird dieser Glaube deutlicher und erfaßt auch die Offenbarung Gottes im Leben und Leiden, im Sterben und Auferstehen Jesu, so wird auch die Zusammengehörigkeit der Gotteskinder deutlicher bis zur sozialen Gestalt der Kirche, in der Jesu Worte und Taten weiterleben. Gott schenkt uns ja nicht nur Worte, sondern seinen Sohn und diesen als das Haupt eines geheimnisvollen Leibes, an dem wir Glieder sein dürfen. Alle, die sich dem Erlöser im Kreuz verbinden, indem sie leiden und sterben, werden ihm auch in die Auferstehung folgen. In den Sakramenten wird diese Verbindung unseres hinfälligen Lebens mit seinem unvergänglichen Leben begonnen. Die Reben ziehen ihre Lebenskraft aus dem Weinstock, als den sich Jesus bezeichnet hat. Und er fügte hinzu: „Bleibt in mir!“ (Joh 15,4)

Es wird heute zuwenig von den dogmatischen Grundlagen des christlichen Lebensgefühls gesprochen. Die Folge ist, daß unser Selbstbewußtsein verkümmert und den wechselnden Winden des Auftriebs oder der Depression überlassen bleibt.

Wenn wir aus den Quellen des Glaubens zu schöpfen wüßten, käme auch in unsere einsamen Tage wundervolle Geborgenheit.

Bittgebet

Wenn wir darüber nachdenken, mit welchen Grundhaltungen ein Christ in seinen Tag geht, dann soll auch einmal vom Bittgebet die Rede sein. Es soll nicht falsch gedeutet und noch weniger verhöhnt werden, daß wir vor Beginn unseres Tuns Bitten an Gott richten.
Angesichts der Aufgaben und Schwierigkeiten, die vor uns liegen, findet das bedrängte Herz leicht ein Wort der Bitte, vom leisen Wunsch bis zum Hilfeschrei: „Herr, mein Gott, komm und steh mir bei. Hilf mir. Schütze mich. Gib einen guten Ausgang. Zeige mir, was recht ist und was ich tun soll.“ So ähnlich mag es klingen, ob wir nun für uns selbst oder für die Anliegen der Mitmenschen beten.
Lassen wir uns darin nicht beirren. Es ist weder erniedrigend noch zwecklos, in das geheimnisvolle Schweigen des Himmels zu rufen. Der Bittende muß kein fauler und frecher Bettler sein, und das Schweigen Gottes ist kein Beweis dafür, daß er nicht hört und handelt. Ein Bittender zeigt viel mehr Wirklichkeitsnähe als ein Hochmütiger, der weder weiß, wie schwach er ist, noch wie gut Gott ist. Die Wahrheit ist im Demütigen und Vertrauenden. Es ist nicht beschämend, es ist beglückend, sein Dasein und alles, was dazu gehört, vom Schöpfer geschenkt zu erhalten. Angewiesenheit ist in diesem Fall Geborgenheit, und Abhängigkeit wird zum Weg in die wahre Freiheit.
Es bedarf nicht vieler Worte, um zu beten, nachdem in einer einzigen Bitte schon soviel Wahres über mich und über Gott enthalten ist. Wir können und sollen ein ganzes Bündel von Überzeugungen in unsere Worte legen. Gott hört sie alle heraus. Er will unser Wort, aber als Ausdruck

einer Gesinnung. Aus unserem Herzen soll es kommen, um an sein Herz zu dringen. Der Glaubensgeist entscheidet über den Wert. Er kann auch die unbeholfene und wortscheue Bitte beseelen.
Warum aber werden unsere Bitten, wenn sie schon Gottes Ohr unfehlbar erreichen, oft nicht erhört? Werden wir an diesem Tag mit unserer Not wieder allein sein?
Darüber werden wir von Gott keine Privatoffenbarung erhalten. Hat er denn nicht schon genug gesagt, um uns selber eine Erklärung finden zu lassen?
Wenn wir kurzsichtig und egoistisch bitten, hören wir seine Worte an die Frau und die Söhne des Zebedäus: „Ihr wißt nicht, um was ihr bittet!" (Mt 20,22) – Und als Jesus seinen Jüngern sagte: „Der Vater selbst liebt euch, weil ihr mich geliebt und weil ihr geglaubt habt, daß ich von Gott ausgegangen bin" (Joh 16,27), hat er damit nicht auch uns die Geheimnisse Gottes als Geheimnisse der Liebe erklärt? Hat er uns nicht gelehrt, so groß von Gott zu denken, daß wir uns ihm rückhaltlos überlassen können? Er mag wählen, was für uns wirklich gut ist. Eines ist gewiß: Wie es uns zukommt, zu bitten, so kommt es Gott zu, zu fügen. Wir werden mehr erhalten, als wir zu erbitten vermögen.

Zur Ehre Gottes

Ein Wort, das man heute seltener als früher im religiösen Zusammenhang hört, ist das Wort *Ehre.*
Ehre ist ein geistiger Qualitätsbegriff, ähnlich dem der Würde, und entzieht sich darum der zu äußerlichen Beurteilung, mit der heute allgemein der Wert am Erfolg gemessen wird.
Das *„Gott die Ehre geben“* steht in der Mitte christlicher Frömmigkeit. Angefangen von Jesus selbst, der von seinem ganzen Reden und Tun sagt: „Ich ehre meinen Vater“ (Joh 8,49) und deshalb auch Ehre empfängt: „Ich bin nicht auf meine Ehre bedacht; doch es gibt einen, der darauf bedacht ist und der richtet“ (Joh 8,50). In den Briefen der Apostel und in den Lobgesängen der Geheimen Offenbarung finden wir die Gebetsworte, mit denen die erlöste Schöpfung Gott die Ehre gibt.
Die Liturgie der Kirche setzt diese Preisungen Gottes getreu fort. Unser Gottesdienst, das wollen wir nicht vergessen, ist an erster und wichtigster Stelle Verherrlichung Gottes und darf daher nicht mit diesseitigen Zielsetzungen überladen werden.
Wie schon der Apostel Paulus, so wünscht auch Benedikt, der Vater des abendländischen Mönchtums, „daß in allem Gott verherrlicht werde“, was dann Ignatius in die berühmten Worte faßt: „Alles zur größeren Ehre Gottes“. Die Menschen der Barockzeit haben das noch lebhaft empfunden und mit Begeisterung in die Tat umzusetzen versucht. Dabei ist nicht nur an Gebet und Feier zu denken, sondern auch an die Auswirkung solcher Einstellung auf das tägliche Tun, an die Beseelung des Familien- und Berufslebens. Hier ehrenhaft handeln ist ja nur ein

getreues Abbilden der Werte, um derentwillen Gott als Erstem Ehre gebührt.
Vielleicht haben wir zu ungenaue, zu blasse Vorstellungen von Ehre. Was ist damit gemeint, und was ist zu tun? Ehre ist ein innerer Wert, der Anspruch auf Wertschätzung gibt. Ein Wert, den sich nur eine Person durch freies, verantwortliches Handeln erwerben kann. *Ehren heißt diesen Wert durch Wertschätzung zur Geltung bringen,* und zwar innerlich und äußerlich. Die innere Vorstufe des Ehre-Gebens besteht darin, daß ich den wahren Wert des zu Ehrenden erfasse und neidlos anerkenne. In Worten, Symbolen und Handlungen kann man diese Anerkennung sichtbar machen und im Fall einer Bedrohung auch verteidigen.
Je tiefer unsere Überzeugung von der Wirklichkeit Gottes ist, je lebendiger die Beziehung zu ihm ist, je ergriffener wir von den Geheimnissen seiner Größe und Liebe sind, desto ehrlicher wird unsere Ehrfurcht sein. Ganz von selbst wird es uns zu den alten, frommen Worten drängen: „Ehre sei dem Vater und dem Sohn und dem Heiligen Geist, wie im Anfang, so auch jetzt und allezeit und in Ewigkeit. Amen."
Damit sind wir am Ende der kleinen Reihe von Betrachtungen, die uns an einigen Beispielen christliche Grundhaltungen gezeigt haben. Diese Haltungen sind unserem Alltag nicht künstlich aufgepfropft, sie verwachsen ganz natürlich mit unseren Erfahrungen und Empfindungen. Sie sind der Anfang einer schlichten und echten Frömmigkeit, die dem Menschen gibt, was des Menschen ist, und Gott, was Gottes ist.

Gedanken zum Vaterunser

Unser Vater

Wie die Jahreszeiten und das Wetter, so hat alles Lebendige seine wechselnden Gezeiten. Es ist gut für uns, daß nicht immer die gleichen Eindrücke und die gleichen Forderungen vor uns stehen.
Warum also nicht in dem dürren Land unseres alltäglichen Berufs- und Familienlebens einmal einen Brunnen graben, der aus größerer Tiefe frischeres Wasser holt? Ich meine: warum nicht die verschütteten Quellen der Religion wieder aufgraben und zum Fließen bringen?
Wem das ungewohnt ist, dem kann es auch ein ungewöhnliches Erlebnis werden. Ein geistloses, oberflächliches Leben wird auf die Dauer sehr langweilig. Es befriedigt nicht, ein Schicksal ohne Zusammenhang zu haben. Ist Religion eine Zumutung, die uns ärgert, oder eine Einladung, die uns ehrt? In jedem Fall ist sie nicht, wie viele leider fürchten, eine komplizierte Angelegenheit, belastet mit dunklen Riten und Lehren, mit vielen Büchern und Streitigkeiten. Christ sein und dem Evangelium folgen ist eine ganz elementare Sache, bei der man mehr nach innen als nach außen horchen muß, bei der man nicht stöhnt, sondern aufatmet.
Darum legen wir den folgenden Betrachtungen nicht Bücher zugrunde, die sich viel darauf einbilden, wieder etwas ganz Neues zu sagen, sondern das *Vaterunser*, den Text, der ebenso alt wie aktuell ist, weil er die Sprache Jesu Christi spricht, des Erlösers aller Menschen.
Das Vaterunser ist die Antwort auf die Frage der Jünger Jesu, die unser aller Frage ist, wie man beten solle. Wer beten lernt, lernt über den kleinen Lebensraum seines Ich im Hier und Jetzt hinausblicken. Er spricht seine Not und

sein Vertrauen hinaus in eine größere Wirklichkeit, die schweigsam, aber nicht leer ist, deren Mitte der lebendige Gott ist.

Gottes Wirklichkeit liegt nicht greifbar vor unseren Sinnen. Doch kann unser Geist die Spuren deuten, die er findet. Während die Wissenschaften auf dem Feld von Raum und Zeit ackern, sieht das Gewissen darin Hinweise auf einen ganz anderen.

Im göttlichen Bereich, gegenüber der Welt, ist der Ursprung und die Heimat des Lebens. Das Dunkel, aus dem wir kommen und in das wir gehen, hat Gott selbst aufgehellt, und er hat sich zu erkennen gegeben. Er hat uns erlaubt, ihn unseren *Vater* zu nennen.

Sind wir uns auch bewußt, was das bedeutet? Der Beter, dem die Anrede „Vater“ erlaubt wird, weiß alle Geheimnisse Gottes und des eigenen Geschicks umfaßt von Liebe. So unterschiedlich wir auch irdische Vaterschaft in guten und schlechten Vätern erfahren, so wahr bleibt in jedem Fall der positive Kern dieser Beziehung: Vaterschaft verschenkt Leben und eröffnet unabsehbare Möglichkeiten, dieses Leben zu erfüllen.

In Gottes Tun gibt es weder Achtlosigkeit noch Bosheit. Er handelt aus reinem Wohlwollen. Alles Leben, das er schenkt, ist in seiner Treue geborgen und auf eine unermeßliche Zukunft des Glücks gerichtet. Jedes Gebet, das sich Gott, dem Vater, anvertraut, endet früher oder später in Lob, Dank und Freude.

Geheiligt werde dein Name

Wir haben begonnen, aus dem Vaterunser, dem Gebet, das uns Jesus selbst gelehrt hat, Gedanken für unser Leben als Christen zu ziehen.
Jeder Mensch wird von den verschiedensten Absichten und Wünschen bewegt, und wenn er ehrlich ist, wird sich all das in seinen Gebeten spiegeln. Seine Bitten und sein Dank sprechen aus, was er in seinem Innern für wichtig hält. Da drängen sich natürlich die eigenen Nöte, und unter ihnen vor allem die leiblichen, in den Vordergrund.
Gott ist weit davon entfernt, darauf nicht zu hören. Aber er möchte unser Glück doch auf ein breiteres Fundament stellen, auf die Einsicht, daß es in einem Herzen, das der Erkenntnis und der Liebe fähig ist, auf die Dauer kein wahres Glück gibt, wenn es keinen gesunden Zusammenhang zwischen den leiblichen und den geistigen Werten, zwischen dem Wachstum meines Ich und dem der ganzen Schöpfung sieht.
Um der Wahrheit willen, um der großen Wirklichkeit willen, in die wir hineingeschaffen wurden und an der wir glücklich werden sollen, muß unser Beten reif werden für den Weitblick, den uns das Vaterunser lehrt.
Die erste Bitte, die wir darin an unseren himmlischen Vater richten, betrifft nicht unser eigenes Wohlbefinden, sondern ein Anliegen, dessen Wichtigkeit man nicht auf den ersten Blick sieht: „Vater unser im Himmel, geheiligt werde dein Name."
Alles Glück hängt an der Richtigkeit des Lebens, und alle Richtigkeit des Lebens fängt damit an, daß wir Gott geben, was Gottes ist. Aber was ist das? Weder der Aus-

druck *dein Name* noch der Ausdruck *werde geheiligt* ist Umgangssprache und von selbst verständlich.
Im biblischen Sprachgebrauch steht der *Name* Gottes für Gott selbst, insofern er unter uns genannt wird, also geistig anwesend ist, erkannt und gewertet wird. Was sich unter uns bessern soll, wenn wir um die Heiligung seines Namens bitten, ist die Klarheit und Kraft, die von der Erkenntnis und der Anerkennung Gottes ausgeht, ist die freudige Bejahung Gottes als Vater, aus dem alles lebt, der alles Leben trägt und zu dem alles heimkehrt. Ihn *heilig* halten heißt in der Sprache der Propheten und Jesu, der Apostel und der Liturgie, ihm eine unverletzliche Hoheit, Reinheit und Würde zubilligen.
Die physische und moralische Überlegenheit Gottes drückt sich hier nicht neutral, sondern mit der Erschütterung des Sünders aus. Erst mit der Anbetung Gottes und der Verdemütigung des Menschen ist die ganze Wirklichkeit erfaßt, die Wahrheit, von der unsere Erlösung ausgehen kann, wenn wir erstaunt und ergriffen sehen, wie Gottes Liebe alles überbrückt, was uns von ihm trennt.
Die erste Bitte des Vaterunsers schafft die unerläßliche Voraussetzung für alles, worum wir sonst noch bitten könnten. Hoffnungen dürfen nicht auf Selbsttäuschungen aufgebaut werden. Wer sich Gutes erwartet, soll sich zuerst mit der Quelle alles Guten versöhnen, mit Gott.
Ihm die Ehre geben heißt ihm die Möglichkeit geben, in der ihm eigenen Großmut und Güte unsere Ehre und unser Wohl zu besorgen. So wird die erste Vaterunserbitte zur natürlichen Grundlage aller unserer Hoffnungen. Unser Glück fängt an mit den Worten: „Vater unser im Himmel, geheiligt werde dein Name."

Dein Reich komme

Kein Gebet wird von so vielen Menschen gebetet wie das Vaterunser. Der Erlöser selbst hat es uns empfohlen, und wir sind dabei, aus dem Sinn seiner Worte zu schöpfen. In der zweiten der sieben Bitten sagen wir zu Gott, unserem Vater: *Dein Reich komme.*
Wieder ein Anliegen, das weit über unsere kleinen Wünsche nach Wohlbefinden hinausgeht. Wieviel muß man von Gott, der Welt und sich selber kennen, um so etwas für wichtig und wünschenswert, ja dringlich zu halten! Was ist mit dem *Reich* und seinem *Kommen* gemeint?
Wir müssen den politisch-geographischen Begriff des Reiches hinter uns lassen, um den biblischen zu verstehen. Gottes Reich ist ein Durchdringungsvorgang, bei dem seine Wahrheit und Liebe, seine Macht und Gerechtigkeit sich der Schöpfung einprägen und in ihrer Geschichte zum Ausdruck kommen.
Sein Herrschen ist ein *Sich-als-Herr-Erweisen,* und dies nicht mit zwingender Naturgewalt (obwohl auch die von ihm spricht, wenn sie uns trifft), sondern mit der großzügigen, rücksichtsvollen und geduldigen Macht väterlicher Liebe, die von uns in Freiheit und Überzeugung erkannt und angenommen werden will. Dieser Vorgang ist ebensolang im Gang, dies Reich ebensolang im Kommen, als es eine Geschichte der Menschen gibt, die Gottes Wirken erkennen und in sich aufnehmen.
Warum aber sollen wir darum beten? Handelt es sich nicht mehr um Gottes Interessen als um die unsern? Hier stehen wir genau an dem Punkt, an dem uns Jesus aus dem primitiven Egoismus erlösen will, der noch nicht weiß, daß sein hastiges Greifen nach Besitz und Genuß

ihn ruiniert, während die Herrschaft Gottes ihm Frieden und Sicherheit, Versöhnung und Lebensfreude schenkt. Gott hat keine Interessen, die unseren Interessen zuwiderlaufen. Im Gegenteil: Wir können uns nichts Besseres wünschen, als das Kommen seines Reiches, die Durchdringung der Welt mit je mehr Wirkungen seiner Weisheit und Güte. Es ist ein inneres Drängen in der Geschichte, die immer neu aufbrechenden Vulkane des Bösen einzudämmen und Gutes durchzusetzen.
Alles, was wir tun, hat diesen Zweck. Alles will, ausgesprochen oder unausgesprochen, mehr Gerechtigkeit, Wahrheit, Lebensfülle und Liebe, also mehr Gottähnliches, als wir bisher erreichten. Jesus hat uns gelehrt, diese Sehnsucht des Herzens und der ganzen Schöpfung mit den kurzen und unvergeßlichen Worten des Vaterunsers auszusprechen: *Dein Reich komme.*
Wir haben Geist und Initiative, Freiheit und Verantwortung von Gott erhalten, um an der Erfüllung dieser Bitte mitzuarbeiten. Doch kein Reformprogramm unserer Reiche darf die Welt selbstherrlich in die Hand nehmen. Um die geheimnisvolle, aber immer wieder greifbare Dämonie der Geschichte zu bändigen, muß eine größere Macht als nur die unsrige sich durchsetzen. Naturwissenschaft, Technik und Politik reichen nicht aus, Sinn und Dauer unseres Lebens zu retten. Wir sind nicht allein unter uns wie Kinder, die an einem Sandstrand spielen und Burgen bauen.
Die Erfüllung unserer Aufgaben und die Vollendung unseres Wesens verlangen die Vereinigung mit Gott, dem Herrn der Welt. Darum bitten wir dringlich und ganz ohne Hochmut: „Vater im Himmel, dein Reich komme."

Dein Wille geschehe

Wir kommen heute zu einer Bitte des Vaterunsers, die ein ehrlicher Mensch, der weiß, was er sagt, nicht leicht über die Lippen bringt. Mit den Worten: *Dein Wille geschehe, wie im Himmel so auf Erden* hat der erste Teil des Gebetes seinen Höhepunkt erreicht.

Bevor wir im zweiten Teil um unser eigenes Wohl bitten, sollen wir uns den Anliegen zuwenden, die größer und wichtiger sind. Daß die Wahrheit und Liebe Gottes sich in der Welt durchsetzen mögen, bedeutet eine objektive Ordnung, die erst möglich macht, daß sich auch unsere subjektiven Wünsche erfüllen.

Seit jeher pflegen wir Gott den *Herrn* zu nennen, und die Bezeigungen der Ehrfurcht bilden mit Recht den größten Teil des christlichen wie auch jedes anderen Kultes. Die Welt ist nicht in Ordnung, die Gott nicht zum Herrn haben will. Denn er ist es, ob wir's wollen oder nicht. Es ist nur zu fragen, was für ein Herr er ist, einer gegen uns oder einer für uns, ein Tyrann oder ein Vater.

Wenn wir die Frohe Botschaft Christi gehört haben, sollte uns nichts mehr daran hindern, Gott als den Herrn anzuerkennen. Ist doch sein Wille der Ursprung alles Guten in der Welt. Solange wir in so allgemeinen Überlegungen bleiben, beugen wir uns wohl der Logik, die zu der Bitte führt: So geschehe denn auch dein Wille, wie im Himmel so auf Erden. Denn es ist klar, daß gar nichts Besseres geschehen könnte.

Woher dann unsere Hemmungen, unser Mißtrauen, unsere Angst, wir könnten bei einer so großzügigen Bitte den kürzeren ziehen?

Zunächst kommt das aus einer allen Menschen gemeinsamen Quelle, der nach der Ursünde uns eingeborenen Neigung zum Bösen und Abneigung gegen Gott. Dazu kommt noch das eigene schlechte Gewissen. So ist die erste Reaktion auf jeden Anspruch Gottes Abwehr und Trotz.

Das Vaterunser wird uns gelehrt, um diesen Trotz in unserem Herzen abzubauen und dafür Vertrauen einzupflanzen. Das geht natürlich langsam und verlangt manchen Anlauf guten Willens. Wie viele Menschen haben schon bei dieser Vaterunserbitte um Wachstum im Verständnis und im Einverständnis ringen müssen!

Zu unserem Trost berichtet die Leidensgeschichte Jesu, wie schwer auch ihm im Ölgarten die Übernahme des Vaterwillens geworden ist. In diesem Willen bleibt für jeden ein Rest undurchsichtigen Geheimnisses, wie ja alles Göttliche unsere Maße übersteigt. Der Prophet Jesaja und der Apostel Paulus haben davon eindringlich gesprochen (Jes 40,12-25; 55,8-9; Röm 11,33-36).

Gott als seinem Herrn und Vater zu folgen ist letztlich eine Vertrauensfrage. Darum hat die ganze Offenbarungsgeschichte kein wichtigeres Anliegen, als zwischen Gott und Mensch das gestörte Vertrauensklima wiederherzustellen.

Was *im Himmel,* im unmittelbaren Bereich Gottes und seiner Engel, selbstverständlich ist, sollte es auch hier *auf Erden* werden: Der Wille Gottes, ein Heilswille, geboren aus Weisheit und Erbarmen, sollte sich durchsetzen, um alles an das Ziel zu bringen, für das es geschaffen ist und zu dem es, bewußt oder unbewußt, im Innersten auch hindrängt. Je reiner die Anerkennung dieses Willens in uns ist, desto wirksamer kann er sich als unser Glück erweisen.

Unser tägliches Brot

Wer um die Erfüllung des Willens Gottes gebetet hat, darf auch um Brot bitten. Ist die Rangordnung der Werte einmal erkannt, hat alles seinen Platz. Gott hat den ganzen Menschen erschaffen. Die Not des ganzen Menschen wird auch sein Herz rühren. Er kennt die Bedürfnisse unseres leiblichen Lebens und dessen Bedeutung als Basis des Geistes. Darum wendet sich das Vaterunser diesem Bereich nun mit der Bitte zu: *Unser tägliches Brot gib uns heute.*

Dabei fällt uns ein, daß Jesus uns schon einmal zu solchen Bitten ermutigt hat: „Ist einer unter euch, der seinem Sohn einen Stein gibt, wenn der um Brot bittet? Wenn nun schon ihr, die ihr böse seid, euren Kindern gebt, was gut ist, wieviel mehr wird euer Vater im Himmel denen Gutes geben, die ihn bitten?“ (Mt 7,9.11)

Aber haben Sie bemerkt, wie das Vaterunser unsere Wünsche kurz hält? Wir sollen um das Brot bitten, das wir heute brauchen, also hier und jetzt, nicht morgen und übermorgen.

Das Vorplanen der Vernunft ist uns nicht verwehrt, aber das Vorgreifen der Gier, das meist darin steckt. Wir wissen nur zu gut, daß einer, der seine materiellen Wünsche zu groß und wichtig werden läßt, leicht den Blick verliert für das Ganze, für den Geist, für Gott.

Es geht hier nicht ums Haben oder Nichthaben, sondern um das menschliche Maß, um die Seele im Leib, um das Gewissen im Genuß. Der Horizont unserer Wünsche darf sich nicht verengen auf ein rein animalisches Wohlbefinden. Das beliebte Schlagwort *Fortschritt* darf sich nicht nur auf Wirtschaft und Technik beziehen, als gäbe es sonst nichts in der Welt, was zu wissen und zu können sich lohnt, und als könne man nach Abschluß einiger Versicherungen und Garantieverträge gut und gern auf Gott verzichten.

Das Vaterunser läßt uns ums tägliche Brot bitten, um uns das Bewußtsein zu erhalten, daß wir auch auf der Höhe unserer Leistungen Empfänger bleiben, selbst bei so einfachen Lebensgütern wie Nahrung, Kleidung und Gesundheit. Alles Menschliche ist umgriffen von einer letzten Unsicherheit. Unsere Erfolge wechseln mit Mißerfolgen ab. Im Frieden lauert der Krieg, im Leben der Tod. Wir machen viel, aber unser Schicksal empfangen wir. Wie gut, daß wir es aus der Hand eines Vaters erhalten, mit dem wir über unsere Nöte sprechen können. Wie gut, daß Gott größer ist als wir und es einen Sinn hat, ihn um den Segen zu bitten, den wir uns selber nicht geben können.

Unser Vater im Himmel erlaubt uns keine Faulheit, aber noch weniger Hochmut. Die Faulheit wird verhungern, aber der Hochmut zu seiner eigenen Überraschung auch, wenn die Stunde seines Falles da ist. Landwirtschaft und Industrie, Politik und Entwicklungshilfe sind kein Ersatz für Gott.

Niemand schäme sich seiner letzten Abhängigkeit von seinem Schöpfer und Erlöser, und er zerschlage nicht das Vaterbild in seinem Herzen. Niemand schäme sich zu beten. *Bete und arbeite,* ist die Devise der Benediktiner, denen unsere Länder seit Jahrhunderten soviel Kultur verdanken.

Vergib uns

Das Vaterunser ist ein weitblickendes Gebet, das die Höhen und Tiefen des Lebens kennt. Unsere Geschicke werden ganz oben mit Gottes Vatergüte verbunden, aber auch von ganz unten, wo wir uns selbst nicht mehr mögen, heraufgehoben. Das Vaterunser ist weder ein Hymnus noch ein Klagelied, es ist ein realistisches Gebet für alle Tage. Es ist eine geistliche Leiter mit sieben Stufen, auf denen wir von der Angst um die eigene Existenz aufsteigen bis zum selbstlosen Lob Gottes.
Nachdem wir in der vierten Bitte um das tägliche Brot gebeten haben und darin eingeschlossen um alles, was das leibliche Leben erhält, wendet sich die fünfte Bitte einer seelischen Not zu: *Vater im Himmel, vergib uns unsere Schuld* und fügt hinzu, um sich dem Erbarmen Gottes zu empfehlen: *wie auch wir vergeben unseren Schuldigern.*
Ich gebe zu: Die Besorgnis, aus der diese Worte aufsteigen, ist heute vielen Menschen fremd geworden. Entweder läßt ihnen ihr Lebenstempo keine Zeit mehr für Gewissenserforschung, oder die Psychologie hat ihnen den ganzen Komplex von Schuld und Unschuld so zerredet, daß sich keiner mehr auskennt. Und doch hat es unser Erlöser für gut befunden, in die elementaren Anliegen des Vaterunsers die Bitte um Vergebung aufzunehmen.
Diese Bitte wendet sich an Gott, nicht an ein menschliches Gericht. Bei Gott, unserem Vater, ist unbestechliche Wahrheit zugleich mit unerschöpflicher Güte. Bei Menschen werden wir von beidem weniger finden. Um der sozialen Ordnung willen müssen Gerichte den Menschen nach seinem äußeren Handeln bewerten und dieses Urteil

auch durchsetzen. Damit ist der Gemeinschaft gedient, aber nicht eigentlich dem einzelnen, der Verzeihung sucht. Denn, wie man schon Jesus entgegengehalten hatte: „Wer kann Sünden vergeben außer dem einen Gott?“ (Mk 2,7)

Wir können einander, was wir uns antun, vergeben. Wenn wir das bereitwilliger täten, wäre sicher mehr Frieden in der Welt. Aber was wir Gewissensschuld nennen und mit einem unverwechselbaren inneren Reueschmerz fühlen, bedeutet mehr als eine soziale Störung, die man auch sozial bereinigen könnte.

Wer Böses tut, beleidigt Gott. Freilich wird uns der Wille Gottes, seine Wegweisung zum Guten und seine Warnung vor dem Bösen, nicht immer hinreichend klar. Obwohl unser Gewissen in Einzelheiten schwankt, bleibt doch in jedem von uns genug Wissen um die unselige Differenz zwischen dem, was wir sind, und dem, was wir sein sollten.

Ohne lang zu grübeln oder zu streiten, sollten wir Gott unser selbstsüchtiges, leichtfertiges und treuloses Herz zeigen und ihn um Vergebung bitten. Er allein ist letztlich zuständig. Denn nur er kann die verhängnisvolle Lage, in die wir durch die Wahl des Bösen geraten sind, wieder aufheben. Er muß sagen, ob er uns zürnt oder nicht. Nur sein Wort kann uns die Last der Vergangenheit abnehmen und einen neuen Anfang schenken.

Dieses Wort hat er in der Sendung seines Sohnes ausgesprochen, und die Kirche gibt es der Menschheit weiter. Wer aus dem Bösen aufsteht, darf zu seinem Vater im Himmel um Vergebung beten. Er wird sie erhalten, wenn er seinen guten Willen damit bekundet, daß er auch seinerseits verzeihen kann.

Führe uns nicht in Versuchung

Wenn ein Schüler mit dem Abschlußzeugnis in der Tasche seine Schule verläßt, fühlt er sich ungeheuer erleichtert und hofft, nun endlich keine Prüfungen mehr machen zu müssen. Aber er merkt bald, daß neue Prüfungen auf ihn warten, wenn nicht in Form von Examina, so doch in Sachen Erprobung.

Das Leben ist eine Teststrecke, ein Prüfstand, eine Frage an uns; einmal für unser spezielles Wissen und Können, ein andermal für unseren Charakter. Von der Kindheit bis ins hohe Alter bietet sich uns Gelegenheit zu zeigen, was in uns steckt. In den täglichen Anforderungen des Familien- und Berufslebens kommen unsere Gedanken und Absichten, Kräfte und Talente zum Vorschein. Unser Geist, unser Gemüt, unser Wert offenbaren sich.

Dies alles bliebe brach liegen, wenn es nicht angefordert würde. Hoffnungen und Spannungen, Hunger und Schmerz wecken uns auf. Unser Schicksal ist über unserem Leben wie der Pflug überm Acker: Der Pflug reißt die Erde auf und scheint sie zu verwunden. In Wirklichkeit schafft er die Voraussetzungen für Aussaat, Wachstum und Ernte.

Wenn Gott uns liebt, wird er uns Prüfungen nicht ersparen, sie aber auch in den Grenzen halten, die uns angemessen sind. Mit diesem Gedanken sind wir schon bei der sechsten Bitte des Vaterunsers: *Führe uns nicht in Versuchung*, und wir verstehen nun leichter, was damit gemeint ist.

„Vater im Himmel, hilf mir das Leben entfalten, das du mir gegeben hast. Wecke meine Kraft, kläre meinen Geist, veredle mein Herz. Aber führe mich nicht in Situationen, denen ich noch nicht gewachsen bin, nicht in Spannungen, die ich noch nicht aushalte, nicht in Dunkelheiten, durch die ich mich noch nicht hindurchfinde. Stelle keine zu harten Forderungen an mich. Gib mir in deiner Geduld und Güte eine Frist der Schonung, der Gewöhnung, des langsamen Anstiegs, der Wiederholung, des immer neuen Anfangs. Komme mir entgegen, und laß mich an deiner Seite gehen. Mache mir meine Aufgabe leichter, indem du sie mit mir teilst."

Auf diese Bitte haben wir von Gott schon eine Antwort erhalten. Sie heißt: Jesus Christus. Er ist das Wort, und er spricht das Wort, mit dem Gott aus seinem geheimnisvollen Schweigen heraustritt. Was wir da erfahren, übertrifft unsere Erwartungen weit. Gott geht mit uns nicht den Weg der Härte, sondern des Erbarmens. Die Last der Schuld, die wir angehäuft haben, nimmt Gottes Sohn auf sich und stirbt dafür am Kreuz. Jeder, der sich ihm anvertraut, findet Versöhnung und ewiges Leben.

Die Bewährung, die wir nunmehr zu leisten haben, besteht nicht in einsamen und vergeblichen Anstrengungen der Gesetzeserfüllung, sondern im Glauben, im Ja zur Botschaft Christi und in der Verknüpfung unseres Lebens und Sterbens mit dem seinen. Auch dieser Glaube stellt Aufgaben und erprobt unser Herz. Auch er ist gefährdet wie alles Menschliche, das sich gegen die Anreize zum Bösen bewähren muß.

In diesem Anreiz liegt eine Verschärfung der Probe. Eine böse Art von Versuchung, eine arglistige Verführung geht vom Feind alles Guten aus. Gott weiß, warum er sie zuläßt. Aber wir dürfen und sollen ihn auch bitten: „Vater im Himmel, führe uns nicht in Versuchung."

Erlöse uns von dem Bösen

Das Vaterunser endet mit der siebten Bitte an den himmlischen Vater: *Erlöse uns von dem Bösen*.
Menschenleben ist immer unerfülltes Leben. Wir haben im Hinblick auf uns und die Welt immer offene Wünsche. Hat es einen Sinn, diese Wünsche auszusprechen? Und wem gegenüber?
Christus lehrte uns, Gott werde sich unser annehmen, wenn wir ihn darum bitten. Der Schöpfer, so schrieb Augustinus, schuf die Welt ohne uns, aber er will sie nicht ohne uns erlösen. Der Fortgang der Dinge zum Guten oder Bösen ist auch in unsere Verantwortung gegeben.
Im Vaterunser sind die großen Anliegen genannt, auf die sich unser Wille richten und im Gebet mit dem Willen Gottes vereinigen soll. Es klingt wie eine Zusammenfassung dieser Anliegen, wenn wir uns und der Schöpfung die Befreiung vom Bösen erbitten.
Jede Erlösung wird in erster Linie eine Erlösung vom Bösen sein müssen. Alle anderen Befreiungen folgen dieser von selbst. So kam Christus, der Bringer des Heils, nicht als Überwinder von Dummheit, Barbarei und Unordnung, sondern als Überwinder des Bösen, der Wurzel, aus der alle Unmenschlichkeiten wachsen. An der Reinheit seiner Liebe und seines Gehorsams bis zum Tod brach sich die Macht Satans. Wer ihm folgt, wird frei.
Wir dürfen nicht übersehen, daß auch unser radikalster Feind die Sünde ist. Auch wenn uns nicht die Hellsichtigkeit Christi gegeben ist, sollten wir doch merken, wie das Tun des Bösen uns einer fremden Macht ausliefert, dem „Lügner und Mörder von Anbeginn" (Joh 8,44), als den Christus ihn entlarvt. Er hat nur soviel Macht über uns,

als wir Einladungen aussprechen. Aber haben wir ihn nicht leider eingeladen und werden ihn so leicht nicht mehr los?

Es ist ein wunderbarer Erweis unserer Herkunft von Gott und unserer Bestimmung für Gott, daß uns das Böse doch beunruhigt, so leichtfertig wir es auch begonnen haben. Wir passen nicht zusammen, der Mensch und das Böse, so oft wir diese unpassende Verbindung auch eingegangen sind. Wir fühlen uns nicht wohl im Bösen, obwohl es das leichtere, das angenehmere zu sein scheint.

Darum sehnt sich jeder, auch wer sich scheinbar mit dem Bösen abgefunden hat, nach Entsühnung und Reinheit. Er möchte ja den Frieden und die Freude des Gutseins, eines Lebens, das für ihn, für seine Mitmenschen und für Gott sinnvoll und liebenswert ist.

Nichts quält uns so wie der vergebliche Versuch, vom Bösen wegzukommen. Was ich bereue, bedrückt mich. Offenbar spielt der Gegensatz von Gut und Böse, von Schuld und Unschuld, den wir so gern bagatellisieren, doch eine wesentliche Rolle beim Aufbau oder bei der Zerstörung unseres Selbstbewußtseins. Das Ausklammern des Gewissens und der Religion aus dem modernen Leben ist eine zwecklose Flucht, zuerst vor den Tatsachen des Bösen in uns und dann vor dem, der allein davon befreien kann.

Gottes schöpferische Liebe ist mehr als wir selber auf die Läuterung der Welt und ihren guten Ausgang bedacht. Hätte er uns sonst das Vaterunser gelehrt und die Bitte: „Vater im Himmel, erlöse uns von dem Bösen“?

Das Gleichnis vom verlorenen Sohn

Gott spricht in Gleichnissen

Das Gleichnis vom *verlorenen Sohn* (Lk 15,11-32) soll der Gegenstand unserer Besinnung sein. Es gehört zu den schönsten Gleichnissen Jesu und kann, obwohl wir es schon kennen, immer wieder einen tiefen Eindruck auf uns machen. Es bildet mit den Gleichnissen vom *verlorenen Schaf* und der *verlorenen Drachme* eine Einheit. Das 15. Kapitel des Lukasevangeliums ist das Kapitel von der erlösenden Liebe Gottes zur Menschheit.

Bevor wir uns dem Text zuwenden, wollen wir zur Einleitung eine Frage beantworten, die jedem Hörer und Leser der Evangelien früher oder später kommt: die Frage, warum Gott zu uns so gern in Bildern und Vergleichen spricht. Warum sagt er nicht direkt, offen und eindeutig, was er uns sagen will?

Die Antwort hat zwei Stufen. Zuerst ist darauf hinzuweisen, daß die Hl. Schrift ein Buch des Alten Orients ist und darum redet, wie Orientalen reden: anschaulich, nicht abstrakt; in Bildern, nicht in Prinzipien; in Symbolen andeutend, nicht in Begriffen definierend.

So mahnt uns Jesus zur Wachsamkeit, indem er sagt: „Legt euren Gürtel nicht ab, und laßt eure Lampen brennen!" (Lk 12,35) – Dann vergleicht er uns mit Knechten, die während der Abwesenheit ihres Herrn sein Vertrauen teils verdienen, teils mißbrauchen. Überraschend kehrt der Herr zurück, und es heißt im Text: „Selig die Knechte, die der Herr wach findet!"(Lk 12,37) – Als Gegenstück kennen wir das Gleichnis von den klugen und den törichten Jungfrauen (Mt 25,1-13). Die Evangelien sind randvoll mit solchen Bildern und Vergleichen.

Die zweite Stufe der Antwort ist noch wichtiger als die erste: Der Orientale liebt die Bildersprache, aber warum liebt sie Gott? Orientalische Literatur muß ich nicht verstehen, aber auf Gottes Wort bin ich angewiesen. Warum läßt er seinen Sohn, der für das Heil der ganzen Menschheit reden und handeln soll, einen Sohn Palästinas werden und aramäisch sprechen?

Abgesehen vom Mysterium der Menschwerdung, das für uns unergründliche Liebe bedeutet, ist auch die Wahl der Gleichnissprache für die Offenbarung Gottes keine Selbstverständlichkeit. Der Grund dafür muß in einem Vorzug liegen, den die Symbolsprache der anderen, direkt zugreifenden Sprache unseres Alltags voraus hat. Zuerst scheint sie ja weniger wert zu sein, denn sie hat keine scharfen Umrisse und wird leicht mißverstanden. Man muß ihre Bedeutung jeweils suchen.

Aber eben dies macht sie religiös brauchbar. Sie zwingt ihren Gegenstand nicht in ihre Worte, sie zeigt auf ihn, läßt ihn durchscheinen. So bleibt Spielraum für die Überlegenheit Gottes einerseits wie für die Freiheit des Menschen anderseits.

Bevor man in unserer Sprache etwas über Gottes Wesen und Wollen sagen oder hören will, sollte man bedenken, mit wem man es zu tun hat. Ist Gott nicht der einzigartige, wunderbare, unermeßliche, schlechthin gute und große Ursprung aller Wesen? Wie könnte er besser von sich und seinen Absichten reden als im Gleichnis, das wie eine Brücke vom Gesagten zum Unsagbaren wirkt?

Wenn wir die Unsicherheit unseres Daseins in einer gefährlich bedrohten Umwelt überwinden wollen, werden uns die Auskünfte der Wissenschaften allein nicht helfen, so klar zu sprechen sie sich bemühen mögen. Die Sprache des Evangeliums hingegen, so verhüllt sie auch in Bild und Gleichnis sein mag, schenkt uns erlösendes Licht.

Der Ausbruch

Gleichnisse sind symbolische Erzählungen, in denen man das eigentlich Gemeinte hinter dem Gesagten suchen muß. Im Vordergrund stehen Vorgänge aus der gemeinsamen Umwelt des Redenden und des Hörenden. Durch diese hindurch kann man im Hintergrund den tieferen Sinn, die über den Einzelfall hinausreichende Wahrheit erkennen.

Viele Gleichnisse Jesu beschreiben mit wechselnden Bildern dieselbe, zunächst verborgene und nun ans Licht tretende Wirklichkeit: *das Eindringen der erlösenden Liebe Gottes in das Unheil der Menschheit.*

Wir alle dürfen uns also wiedererkennen in jenen Verlorenen und glücklich Wiedergefundenen: der Drachme, dem Schaf, dem Sohn. Der biblische Realismus, der unsere Schwächen und Nöte nicht verschweigt, erleichtert uns dieses Wiedererkennen. In unserem Gleichnis werden Szenen einer Familiengeschichte erzählt, wie sie ähnlich in jeder Generation vorkommen, gewiß mit den Konflikten und hoffentlich auch mit der Lösung dieser Konflikte.

Im ersten Abschnitt des Textes, den wir betrachten, heißt es: „Ein Mann hatte zwei Söhne. Der jüngere von ihnen sagte zu seinem Vater: Vater, gib mir das Erbteil, das mir zusteht. Da teilte der Vater das Vermögen auf. Nach wenigen Tagen packte der jüngere Sohn alles zusammen und zog in ein fernes Land. Dort führte er ein zügelloses Leben und verschleuderte sein Vermögen“ (Lk 15,11-13). Auf der Bildebene des Gleichnisses wird der Ausbruch eines Jugendlichen aus der Geborgenheit des väterlichen Hofes erzählt. Ein ungestümer Lebensdrang treibt ihn

weg. Dieser Drang ist an sich eine kostbare Energiequelle der Jugend. Aber ohne den Gegenzug mäßigender Ordnung verliert er seinen Halt.
Soweit das im Vordergrund erzählte Geschehen. Auf welches größere Geschehen aber wird hier angespielt? Welcher Konflikt steht im Hintergrund und wartet auf seine Lösung? Welcher Sohn entfremdet sich welchem Vater und bedarf der Versöhnung? Und schließlich: Bin ich selbst mit einbezogen, mit gemeint?
Aus dem Zusammenhang der Botschaft Jesu, besonders der anderen Erlösungsgleichnisse, wie sie schon im christlichen Altertum verstanden wurden, ergibt sich: Im Hausvater des Gleichnisses verbirgt sich Gott, der Vater der Schöpfung. Der jüngere Sohn ist das Symbol der Menschheit, die ihm davonläuft. Die biblische Urgeschichte kennt ja den Bruch des ursprünglichen Vertrauensverhältnisses zwischen Gott und dem Menschen. Was dann geschieht, gleicht ganz dem Fortgehen des Sohnes: Unser Denken und Handeln entfernt sich von Gott, und das Erbgut der Freiheit wird ruiniert durch zuerst spielerische, dann mörderische Willkür.
Es gehört viel Blindheit vor den Tatsachen der Völkergeschichte wie des eigenen Inneren dazu, die schlechte Verfassung, in der sich die Menschheit befindet, nur auf soziale Mißstände zurückzuführen und in der Erziehung und Gesetzgebung einen ethisch neutralen Menschen vorauszusetzen, den man nur *befreien* müsse, um ihn zu bessern.
Die Flucht aus dem Vaterhaus ist nun einmal geschehen, und ein tiefsitzender Herz-Schaden blieb zurück. Folgerichtig ist die Versöhnung mit Gott die Vorbedingung für das Gelingen unserer Friedensbemühungen, sei es im eigenen Inneren, sei es in der Nachbarschaft der Völker.

Im Elend

Wir kommen zu dem Abschnitt, in dem die Not geschildert wird, in die der junge Mann gerät, nachdem er sein Geld durchgebracht hat. Es heißt im Text:
„Als er alles durchgebracht hatte, kam eine große Hungersnot über das Land, und es ging ihm sehr schlecht. Da ging er zu einem Bürger des Landes und drängte sich ihm auf; der schickte ihn aufs Feld zum Schweinehüten. Er hätte gern seinen Hunger mit den Futterschoten gestillt, die die Schweine fraßen; aber niemand gab ihm davon" (Lk 15,14-16).
Der Sohn ist gegen den Willen seines Vaters in seine Freiheit gestürmt und sieht in seinem Wohlleben eine Bestätigung seiner Ideen. Als aber sein Geld zu Ende geht und dazu noch eine Hungersnot kommt, erleidet er einen doppelten Rückschlag. Zuerst bricht sein Stolz zusammen. Er muß seine Freiheit mit der bitteren Notwendigkeit vertauschen, Schweine zu hüten. Dann kommen der Hunger und die leibliche Verelendung. Nicht einmal das Futter der Tiere läßt man ihm. Er muß nun einsehen: Seit er den Vater verließ, ging es mit ihm bergab. Sein anfänglicher Glücksrausch war eine Täuschung.
Wir wissen schon, daß im Hintergrund der erzählten Geschichte vom verlorenen Sohn die wahre Geschichte der Menschheit steht. Wir haben als Sünder das Haus unseres Vaters verlassen und dann den Energievorrat unseres emanzipierten Geistes sehr rasch verbraucht. Humaner Fortschritt sollte das Unglück der Gottesferne kaschieren, aber in jedem Jahrhundert gab es neue Unmenschlichkeiten.
Es liegen in unserer Natur, eben weil sie Gottes Abbild

ist, die schönsten Möglichkeiten, das Glück des eigenen Herzens und das der Menschheit zu mehren. Aber wir schneiden übermütig die Wurzeln ab, die uns mit Gott verbinden, und augenblicklich vertrocknet der Idealismus. Aus der eigenen Substanz bringen wir fast nur Egoismus hervor und in seinem Gefolge zuerst ein kaltes, mißtrauisches, haßerfülltes Klima und dann die offenen Konflikte.

Gewiß bäumt sich unser Geist dagegen auf und arbeitet an der Veränderung der Welt zum Besseren. Wir wollen ihn nicht daran hindern. Aber ist der alte Trotz gegen den Vater nicht das Gift, an dem er krankt? Ist er nicht der verlorene Sohn, der mit seinem heimatlosen Herzen nur immer tiefer ins Elend gerät?

Wir sollen nicht schwarzmalen sagt man uns. Kann die Menschheit, wenn sie nur will, ihre Erlösung nicht selbst in die Hand nehmen? Politik und Technik, Wissenschaft und Kultur werden die Religion ersetzen. Gott kann aus dem Spiel bleiben.

Wir Christen werden dennoch nicht aufhören, dieser stolzen Weisheit zu mißtrauen. Tatsachen sind stärker als Träume. Das Evangelium kennt den Menschen besser, wenn es ihn erlösungsbedürftig nennt. Die Welt lag bisher im argen, und wir werden's nicht ändern. Flurbereinigungen machen wir, keine wesentlichen Entschärfungen der Lebenskonflikte. Noch immer ist das Schicksal des Menschen ein dramatisches Ringen in dem weiten, von Gott abgesteckten Feld, auf dem sich die wichtigsten Siege und Niederlagen abspielen, die zwischen Gut und Böse.

Wo wir in Not geraten, die eine natürliche Frucht des Bösen ist, sollten wir verlorene Söhne doch wohl daran denken, zu unserem Vater zurückzukehren, der im Himmel ist.

Die Wende

Im Gleichnis vom verlorenen Sohn kommen wir zum dritten Abschnitt. Dort lesen wir:
„Da ging er in sich und sagte: Wie viele Taglöhner meines Vaters haben mehr als genug zu essen, und ich komme hier vor Hunger um. Ich will aufbrechen und zu meinem Vater gehen und zu ihm sagen: Vater, ich habe mich gegen den Himmel und gegen dich versündigt. Ich bin nicht mehr wert, dein Sohn zu sein; mach mich zu einem deiner Taglöhner. Dann brach er auf und ging zu seinem Vater" (Lk 15,17-19).
Hier ist die entscheidende Wende in unserer Geschichte. Nach allem, was wir bisher von diesem jungen Mann gehört haben, gab es nicht mehr viel Hoffnung für ihn. Unter dem Druck seiner Not hätte er ebensogut ein Krimineller wie ein Heimkehrer werden können.
Daß er sich zur Umkehr aufraffte, zeigt, daß in ihm noch ein gesunder Kern war, aus dem er die Kraft fand, sich nicht aufzugeben und einfach fallenzulassen. Er hatte noch einen Rest von Gewissen und sah sein Elend nicht nur von der materiellen Seite. Es quälte ihn der Gedanke, über sich Schande gebracht und seinem Vater wehgetan zu haben. Ja, er war sich sogar dunkel bewußt, auch mit dem Himmel, mit Gott, im Zwiespalt zu leben.
Diese schmerzliche Erkenntnis war mehr als ein vorübergehender Katzenjammer. Denn er zieht sogleich die ernste Folgerung, innerlich und äußerlich umzukehren. Innerlich von seiner übersteigerten Lebensgier und seiner hochmütigen Selbsteinschätzung herunterzusteigen und äußerlich den Heimweg anzutreten, um wenigstens als Taglöhner bei seinem Vater zu leben.

Beziehen wir das Gleichnis wieder auf Gott und die Menschheit im allgemeinen, so ist hier die inmitten unserer Weltgeschichte aufbrechende Religionsgeschichte angedeutet, in der sich leidgeprüfte und verirrte Menschen nach Gott ausstrecken. Deutlicher gesagt: Wie die Enttäuschungen dieses Sohnes und aller Menschen seines Schicksals schon eine erste Gnade der Erlösung bedeuten, so ist auch die Kraft zur Umkehr eine solche Gnade, gewissermaßen eine Fernwirkung der nie gekündigten Liebe des Vaters im Himmel.
Es gibt Zeiten trügerischer Selbstsicherheit, in denen fast niemand sich um Gott und sein Heil kümmert. Das ganze Vokabular des Evangeliums ist wie ausgelöscht. Wer es ausspricht, wird belächelt. Es fällt den Vielbeschäftigten gar nicht ein, nach innen zu horchen und nach oben zu blicken. So kommt kaum je das Wort des verlorenen Sohnes über ihre Lippen: „Ich habe mich gegen den Himmel und gegen dich versündigt. Ich bin nicht mehr wert, dein Sohn zu sein."
Man muß zugeben: Die geistige Wandlung, die sich darin ausdrückt, ist auch tatsächlich eine erstaunliche sittliche Leistung. Wo finden sich in der Dekadenz unserer Tage, mit der wir uns genau in der Lage des verlorenen Sohnes vor seiner Umkehr verbinden, noch die Hellsichtigkeit, der Ernst und der Mut des jungen Mannes, der umkehrt?
Wenn wir von Zukunftsangst befallen werden, dann sollen wir sie nicht nur mit wirtschaftlichen und militärischen Gefahren begründen, sondern auf die gefährliche Verschlechterung des Charakters achten, die den Menschen auch dann zugrunderichten würde, wenn ihm der äußere Friede erhalten bliebe. Zum Glück ist es nie zu spät, umzukehren.

Der Vater

Der folgende Abschnitt des Gleichnisses vom verlorenen Sohn schildert uns das Verhalten des Vaters und, da es ein Gleichnis ist, das Verhalten Gottes, unseres himmlischen Vaters. Der Text lautet:
„Der Vater sah ihn schon von weitem kommen, und er hatte Mitleid mit ihm. Er lief dem Sohn entgegen, fiel ihm um den Hals und küßte ihn. Da sagte der Sohn: Vater, ich habe mich gegen den Himmel und gegen dich versündigt; ich bin nicht mehr wert, dein Sohn zu sein. Der Vater aber sagte zu seinen Knechten: Holt schnell das beste Gewand, und zieht es ihm an, steckt ihm einen Ring an die Hand, und zieht ihm Schuhe an. Bringt das Mastkalb her, und schlachtet es; wir wollen essen und fröhlich sein. Denn mein Sohn war tot und lebt wieder; er war verloren und ist wieder gefunden worden. Und sie begannen, ein fröhliches Fest zu feiern" (Lk 15,20-24).
Was hier gleich auffällt, ist die erstaunliche Großmut des Vaters. Wie schnell war er dem Verlangen des Sohnes nach Erbteilung und Abschied nachgekommen. Er mag ihm abgeraten, ihm zugeredet, ihn beschworen haben, aber er ließ ihn ziehen. Er wird nicht verbittert und zornig, auch dann nicht, als er hören muß, wie sein Sohn es in der Fremde treibt. Nie wird er den eingeschlagenen Weg für richtig halten. Sein Wohlwollen will kein Freibrief sein für das miserable Verhalten des Sohnes. Miserabel heißt wörtlich: zum Erbarmen schlecht. So empfindet er es auch. Man muß Mitleid mit dem Jungen haben, obwohl die Enttäuschung sehr weh tut.
Die nicht aufgekündigte, aber still gewordene Liebe des Vaters kann den Sohn nicht zur Rückkehr zwingen, aber

sie hofft darauf. Er sieht noch Gutes in dem unreifen Charakter des Sohnes und will geduldig warten, bis Not ihn zur Einsicht bringt, bis der Trotz schmilzt, bis die Zeit zur Versöhnung da ist.
Man kann nur mit Rührung sehen, wie schwer ihm dieses Warten wird. Täglich geht er hinaus, um Ausschau zu halten. Es heißt ja, daß er ihn schon von weitem kommen sah. Eines Tages ist es soweit. Der Vater eilt ihm entgegen, und als er ihn endlich in die Arme schließen kann, schlägt sein Schmerz über den Heruntergekommenen um in überschwängliche Freude über den Geretteten.
Nun kann die Liebe des Vaters wieder ihre ganze Großzügigkeit zeigen. Er läßt diese Rückkehr als Fest feiern. Er erleichtert es so dem Sohn, den Schlußstrich unter die Bilanz seiner traurigen Erfahrungen zu setzen und sich zu Hause wieder wohl zu fühlen.
Als Jesus dieses Gleichnis erzählte, leitete ihn ganz offensichtlich die Absicht, unsere Vorstellungen von Gott aufzuhellen. Das Vaterbild, das ja schon der Trost Israels war, sollte in neuem Licht stehen. Unsere Lebensangst sollte aufgefangen werden von der Gewißheit, in Gott trotz unserer Sünden einen geduldigen, gütigen, großzügigen Vater zu haben. Unerschöpflich und unbeirrbar ist sein Wohlwollen gegen uns. Gottes Gnade kann mehr Wunden heilen als unser Trotz schlagen kann.
Nicht ohne Grund halten viele das Welttheater für ein Trauerspiel in Blut und Tränen. Kam nicht eben deshalb die Botschaft von oben in das Dunkel, um das Licht der christlichen Hoffnung anzuzünden? Wer sich aufrafft, zu Gott zu gehen, findet seinen Vater, seine wahre Heimat und ein Fest ohne Ende.

Der ältere Bruder

Das Gleichnis vom verlorenen Sohn ist mit dem Bericht von seiner Heimkehr noch nicht zu Ende. Es wird noch erzählt, wie der ältere Bruder darauf reagiert: ganz anders als der Vater. Auch darin ist die Erzählung sehr lebensnah: Sie erspart uns nicht den Anblick einer Familie mit Meinungsverschiedenheit und Verstimmung. Der Text schildert den Unmut des älteren Bruders so:
„Sein älterer Sohn war unterdessen auf dem Feld. Als er heimging und in die Nähe des Hauses kam, hörte er Musik und Tanz. Da rief er einen der Knechte und fragte, was das bedeuten solle. Der Knecht antwortete: Dein Bruder ist gekommen, und dein Vater hat das Mastkalb schlachten lassen, weil er ihn heil und gesund wiederbekommen hat. Da wurde er zornig und wollte nicht hineingehen. Sein Vater aber kam heraus und redete ihm gut zu. Doch er erwiderte dem Vater: So viele Jahre schon diene ich dir, und nie habe ich gegen deinen Willen gehandelt; mir aber hast du nie auch nur einen Ziegenbock geschenkt, damit ich mit meinen Freunden ein Fest feiern konnte. Kaum aber ist der hier heimgekommen, dein Sohn, der dein Vermögen mit Dirnen durchgebracht hat, da hast du für ihn das Mastkalb geschlachtet!" (Lk 15,25-30)
Eltern sind im allgemeinen nachsichtiger und verzeihensbereiter zu ihren Kindern als diese untereinander. Geschwister stehen auf der gleichen Ebene und sind Konkurrenten; sowohl um die Gunst der Eltern als auch um den Erfolg im Leben. Irgendein Anlaß, ein Anschein der Zurücksetzung, ein Mangel an Aufmerksamkeit genügt, sie gegeneinander aufzubringen.

Da wir aus dem Text entnehmen, daß es dem älteren Sohn gar nicht schlecht ging und ihm sein Bruder nicht im Weg stand, läuft die Sache darauf hinaus, daß er, der das Glück des Vaters nicht nachempfinden konnte, den Anblick des Festes einfach nicht ertrug. Das ist doch wohl Neid, der einem anderen nicht gönnen will, was man selber nicht hat. Neid ist eine Urkraft des Bösen. Er hat nicht nur den Charakter einzelner verdorben, sondern Massen in Bewegung gesetzt und Kriege verursacht.
Machen wir wieder den Schritt vom Gleichnis zur Menschheit, so sehen wir auch dort mangelndes Verständnis für die großzügige Liebe Gottes. Menschen, die ihre Pflicht tun, rechnen sie Gott vor und dulden kein Erbarmen für andere. Sie werden hart vor Neid wie die Arbeiter in dem anderen Gleichnis Jesu (Mt 20,11-12), die murrend auf den Denar der Kurzarbeiter schauen.
Streiten wir nicht über gerecht oder ungerecht – es gibt eine verblüffende Lösung für das Unbehagen in beiden Gleichnissen: die Tatsache nämlich, daß wir *alle* gesündigt haben und wir *alle* durch das Kreuz Christi Verzeihung erlangen. Diese Position ist die einzig wirkliche und stellt uns alle in die Reihe der großzügig Beschenkten, der Verlorenen und Wiedergefundenen, für die im Himmel ein Freudenfest bereitet wird.
Einen Gerechten, der sich darüber aufregen könnte und murren dürfte, gibt es nicht. Er wird nur erwähnt, um den Hintergrund zu bilden, von dem sich die Gnade Gottes abhebt.
Wir werden auf die Rolle des älteren Bruders und damit auf seine Rechtsansprüche verzichten müssen. Aber fällt uns das noch schwer, wenn wir sie eintauschen gegen das Glück, als Gerettete in die Freude des himmlischen Vaters heimzukehren?

Bei Gott daheim

Wir sehen im Schicksal dieses Sohnes ein Bild der Menschheit: Von einem leidenschaftlichen Egoismus und von trügerischen Hoffnungen getrieben, stürzen wir uns dem Lebensgenuß in die Arme und müssen doch erkennen, daß auf Zügellosigkeit nur Elend folgen kann. Im Vater, der auf die Rückkehr seines Sohnes wartet, weil er ihn nach wie vor liebt, sahen wir ein Bild Gottes und der Liebe, die unsere Erlösung ins Werk setzte. Die Einsicht des Sohnes, daß sein Ausbruch falsch war, und der Entschluß umzukehren sind das Vorbild aller tätigen Reue, der Voraussetzung jeder Versöhnung. In dem Festmahl, das die Freude über die Rückkehr des Sohnes ausdrückt, haben wir ein Symbol des Himmels, des Endzieles unserer Erlösung.

Davon spricht der letzte Abschnitt unseres Gleichnisses im Wort des Vaters an den älteren Sohn, der zuerst nicht begreift, warum man den jüngeren so herzlich aufnimmt. „Mein Kind, du bist immer bei mir, und alles, was mein ist, ist auch dein. Aber jetzt müssen wir uns doch freuen und ein Fest feiern; denn dein Bruder war tot und lebt wieder; er war verloren und ist wiedergefunden worden" (Lk 15,31-32).

Das Erbarmen dieses Vaters und damit Gottes ist allerdings nicht selbstverständlich. Das Evangelium Christi ist Offenbarung und nicht nur poetische Bekräftigung dessen, was wir ohnehin schon wissen. Wer Gott ist und was er will, wie er urteilt und was er empfindet, das müssen wir ihn schon selber sagen lassen.

Die Sprache der Offenbarung scheut sich nicht, für Gottes Handeln Vergleiche aus dem menschlichen Bereich heranzuziehen, ist doch der Mensch sein Ähnlichstes in der Welt. Jesus selbst ist das Bild Gottes schlechthin, ist es in seiner Person und in seinem Wort.

So lehrt uns sein Gleichnis vom verlorenen Sohn, daß Gott uns liebt, auch dann noch und sogar mehr liebt, wenn wir durch Krisen hindurch den Weg zu seinem Herzen finden. In diesem Herzen ist Platz für die gleiche Freude, die auch uns nach überstandenen Sorgen beglückt. Jesus sagte es: „Es wird auch im Himmel mehr Freude herrschen über einen einzigen Sünder, der umkehrt, als über neunundneunzig Gerechte, die es nicht nötig haben umzukehren" (Lk 15,7).

Wir wollen an diesem Geheimnis nicht deuteln und rütteln, denn es ist ein Geheimnis für uns, nicht gegen uns. Aus dem Raum des noch Unsagbaren kommt uns, weil es aus Gott kommt, keine bedrohliche Ungewißheit, die uns ängstigt, sondern eine um so größere Verheißung entgegen. Der Apostel Paulus hat sie in das bekannte Wort gefaßt: „Was kein Auge gesehen und kein Ohr gehört hat, was keinem Menschen in den Sinn gekommen ist: das Große, das Gott denen bereitet hat, die ihn lieben" (1 Kor 2,9).

Das Gleichnis endet mit einem Wort des Vaters, das nun beide Söhne gleicherweise auf sich beziehen können: Mein Kind, du bist immer bei mir, und alles meine ist dein. In diesem Wort liegt auch die Erfüllung unserer Hoffnung: einmal heimzukehren zu der Liebe, die unser Ursprung ist, und Anteil zu erhalten an dem unzerstörbaren und unerschöpflichen Leben Gottes, des Dreifaltigen; einmal alles Schmerzliche und Enttäuschende hinter sich zu lassen und das alles versöhnende Wort zu hören: Mein Kind, du bist immer bei mir, und alles meine ist dein.